青年农民进城务工指南

本书编委会　编

中国农业出版社
北京

图书在版编目（CIP）数据

青年农民进城务工指南／本书编委会　编.
—北京：中国农业出版社，2018.3
ISBN 978-7-109-23983-8

Ⅰ.①青… Ⅱ.①中… Ⅲ.①青年－农民－劳动就业
－中国－指南　Ⅳ.①D669.2-62

中国版本图书馆CIP数据核字（2018）第048967号

中国农业出版社出版
（北京市朝阳区麦子店街18号楼）
（邮政编码 100026）
责任编辑　黄向阳　蔡雪青

北京通州皇家印刷厂印刷　　新华书店北京发行所发行
2018年3月第1版　　2018年3月北京第1次印刷

开本：880mm×1230mm　1/32　印张：8
字数：210千字
定价：25.00元
（凡本版图书出现印刷、装订错误，请向出版社发行部调换）

目 录

第一篇　法律　法规

第二篇　就业　发展

第一篇

法律　法规

[青年农民进城务工指南]

第一篇　法律　法规

1. 我国的法律体系是怎样的?

　　我国的法律从其渊源来讲由以下几部分构成：宪法、法律、行政法规、地方性法规、自治条例和单行条例，逐步形成了当代中国的法律体系：在宪法的统领下，由公法、私法和社会法三个结构要素构成，并划分为若干个法律部门，主要包括政治法、行政法、刑法、民法、商法、亲属法、经济法、社会保障法、环境与资源法等。

　　(1) 政治法。现代政治是民主政治，民主政治是法治政治。随着政治的民主化和法治化，政治法应运而生。所谓政治法是指调整政治关系的法律规范的总和。它包括组织法、选举法、中央与地方关系法、立法决策法、监督法、国籍法和公民基本权利法、军事法。

　　(2) 行政法。行政法是调整国家行政管理活动产生的社会关系的法律规范的总和。它包括行政法总则、行政主体法、行政程序法、行政复议法、行政诉讼法以及专门行政法。由于行政法调整对象极为广泛，所以很难形成系统单一的行政法典。前述除专门行政法外均为一般行政法。专门行政法是指规定各

专门行政职能部门管理活动的法律和法规。国外一般也只有行政程序法、行政诉讼法、行政主体法和专门行政法。

（3）刑法。刑法是关于犯罪和刑罚的法律规范的总和。它包括刑事实体法与刑事程序法。

（4）民法。民法是调整作为平等主体的公民之间、法人之间以及公民与法人之间的财产与人身关系的法律规范的总和。它包括民事实体法与民事程序法。其中民事实体法包括：民法总则、物权法、合同法、债法等。

（5）商法。商法是调整平等主体之间商事关系的法律规范的总和。它包括一般商事法、破产法、海商法、商标法、公司法、票据法、保险法、支票法等。民法与商法关系十分密切，民法的许多概念、规则、原则和原理也适用于商法。

（6）亲属法。亲属法是调整婚姻、家庭、亲属等方面财产与人身关系的法律规范的总和。包括：婚姻法、继承法以及其他亲属关系的法律。

（7）经济法。经济法是调整国家宏观经济调控活动中形成的经济关系的法律规范的总和。关于经济法的调整对象历来有争议。在我国计划经济体制下，经济法被作为经济行政管理法，把计划法作为经济法的龙头。事实上经济法是与市场经济、与宏观调控密切相关的，没有市场经济宏观调控，就不存在真正的经济法。

（8）社会保障法。社会保障法是调整劳动关系以及社会保障与社会福利关系的法律规范的总和。它主要包括：劳动关系法、劳动保障法、社会福利法、工会法等。

（9）环境与资源法。环境与资源法是关于保护环境和自然资源的法律规范的总和。它主要包括两个部分，即环境保护法和自然资源保护法。环境保护法是保护环境、防治污染和其他公害的法律。自然资源保护法是指对各种自然资源的规划、合理开发、利用、治理和保护等方面的法律。

有心师事者，当以规矩入，再从规矩出。

——蒋和

2. 什么是宪法？它的作用是什么？

像其他法律一样，宪法也是一种法律。宪法与其他法律的区别在于：宪法是一个国家的根本大法，是其他一切法律之母，是制定其他一切法律的依据；宪法是人类智慧远见卓识和高瞻远瞩的产物。它是对人类社会发展过程中的普遍而永恒原理的体现，是决定一个国家命运的制度规则。在一个国家，宪法之外的所有法律都是对宪法的内容及其精神的规范化、具体化，是为了把宪法落实为具有可操作性的法律规范之实施宪法的努力。

宪法是为一个国家或一个民族设计一种命运的制度安排。这种制度安排包括两大主要内容：

（1）设计一个国家的政权组织，即规定这一政权组织的指导原则、政权组织的性质、结构形式、产生方法及政权组织的权能规范。

（2）保障人权，把神圣而不可侵犯的、被文明世界所公认的人权的普遍原则、具体内容转化为具有最高法律效力的宪法规范，从而使人权无论在任何情况下都不至于成为权力践踏的对象。

3. 如果有人在选举过程中用金钱收买你的选票，你因贪图小利乐意出卖自己的选票，你知道这样做的后果吗?

在社区和组织的选举中，如果有候选人企图以金钱来收买选民手中的选票，这种行为表明：候选人竞选公职的目的不是通过从事公共服务活动来报效社会，而是通过掌握官职所赋予的权力来满足个人的野心和私欲。经验告诉我们：通过金钱收买选票上台的公职人员，一旦掌握了权力，轻则搜刮、掠夺、盘剥他所治下的选民，由此造成的祸害远远大于他买选票给选民支付的好处费；重则滥施淫威、践踏人权、打击报复，甚至给本选区以外的社会生活带来灾难。因此，无论从哪个角度来讲，选民出卖选票的行为，对个人、社区以及我们赖以生活的各种组织都是得不偿失、利大于弊，甚至是个人不幸和社会生活许多灾难的根源。相反，选民在选举中应当根据候选人的品格、才能来投票，才是安全地托付自己权利的有效方法。

4. 公民怎样申请法律援助？

法律援助是指国家通过律师、公证员等法律服务人员，对某些经济困难或特殊案件的当事人给予减、免费用提供法律帮助，以保障他们的合法权益得以实现。此举解决了部分公民因经济困难"请不起律师、打不起官司"的问题，保护了弱者的平等权利。那么，公民如何才能依法申请并获得法律援助呢？

（1）申请法律援助的条件。依据 2003 年 9 月 1 日起施行的《中华人民共和国法律援助条例》的规定，我国法律援助的对象主要适用于经济困难和特殊案件的当事人。据此，公民有下列情形之一的，可以申请获得法律援助：①有充分理由证明自己的合法权益受到侵害，需要得到法律帮助，但又确因经济困难（以当地政府部门提供的最低生活标准来衡量），无力或不能完全承担法律服务费用的；②刑事被告人、犯罪嫌疑人为盲、聋、哑人或未成年人而没有委托辩护律师的；③刑事被告人、犯罪嫌疑人为老年人、其他残疾人，因经济困难没有能力聘请辩护律师的；④被告人可能被判处死刑而没有委托辩护人，人民法

院指定承担法律援助义务的律师为其提供辩护的；⑤刑事案件中，外国籍被告人没有委托辩护人，人民法院指定律师辩护的。

（2）申请法律援助的范围。当事人申请法律援助可以是刑事案件，也可以是行政、民事案件。根据《中华人民共和国法律援助条例》第二章的相关规定，申请法律援助的范围主要包括：①公民对下列需要代理的事项，因经济困难没有委托代理人的，可以向法律援助机构申请法律援助：依法请求国家赔偿的；请求给予社会保险待遇或者最低生活保障待遇的；请求发给抚恤金、救济金的；请求给付赡养费、抚养费、扶养费的；请求支付劳动报酬的；主张因见义勇为行为产生的民事权益的。②刑事诉讼中有下列情形之一的，公民可以向法律援助机构申请法律援助：犯罪嫌疑人在被侦查机关第一次讯问后或者采取强制措施之日起，因经济困难没有聘请律师的；公诉案件中的被害人及其法定代理人或者近亲属，自案件移送审查起诉之日起，因经济困难没有委托诉讼代理人的；自诉案件的自诉人及其法定代理人，自案件被人民法院受理之日起，因经济困难没有委托诉讼代理人的。③公诉人出庭公诉的案件，被告人因经济困难或者其他原因没有委托辩护人，人民法院为被告人指定辩护时，法律援助机构应当提供法律援助；被告人是盲、聋、哑人或者未成年人而没有委托辩护人的，或者被告人可能被判处死刑而没有委托辩护人的，人民法院为被告人指定辩护时，法律援助机构应当提供法律援助，无须对被告人进行经济状况的审查。公民要求提供法律援助的形式包括：法律咨询、代拟法律文书；刑事辩护和刑事代理；民事、行政诉讼代理；非诉讼法律事务代理；公证证明及其他形式的法律服务。

（3）申请法律援助的程序。当事人请求法律援助必须以书面形式提交申请，按规定格式和内容填写，并注意递交下列材料：申请人的身份证或其他有效的身份证明，有关单位出具的申请人经济困难的证明，与所申请法律援助事项有关的案例材料，法律援助机构要求提供的其他材料。申请人确实由于客观原因无法填写申请表格、提供书面材料的，可以请求工作人员予以配合填写、记录。

对于一般的申请，法律援助机构将根据相关规定进行审查并做出决定。对符合条件的当事人，做出同意提供法律援助的书面决定并通知受援人，由法律援助机构与法律援助承办人员、受援人三方共同签订"法律援助协议"；不符合条件的，法律援助机构将做出不予援助的决定，如果申请人对此持有异议，可以向确定该法律机构的司法行政部门提出，司法行政部门应当在收到异议之日起5个工作日内进行审查。对于人民法院发出指定辩护的法律援助案件，法律援助机构一般不作审查，即发出紧急法律援助通知书，指派律师提供服务。

没有顽强的细心的劳动，即使是有才华的人也会变成绣花枕头似的无用的玩物。

——斯坦尼斯拉夫斯基

5. 什么是城市救助？哪些人可以申请城市救助？

进入城市以后，由于各种原因无法找到工作、基本居住条件无法得到保证的流浪乞讨者，可以到当地救助部门申请救助。

为了体现人人平等的原则，体恤在城市中流浪乞讨的困难人群，国务院于 2003 年 6 月 22 日公布了《城市生活无着的流浪乞讨人员救助管理办法》并于 2003 年 8 月 1 日起施行；民政部出台了《城市生活无着的流浪乞讨人员救助管理办法实施细则》并于 2003 年 8 月 1 日起施行；各地政府在城市中建设救助站，帮助生活没有着落的人满足基本生存要求。

自愿受助、无偿救助的原则是《城市生活无着的流浪乞讨人员救助管理办法》的核心。《城市生活无着的流浪乞讨人员救助管理办法实施细则》中明确规定，对"因自身无力解决食宿，无亲友投靠，又不享受城市最低生活保障或者农村五保供养，正在城市流浪乞讨度日的人员"实行救助。

流浪乞讨者在申请救助时，应该向救助站如实反映本人的基本情况，如果不提供个人情况，救助站

不予救助。救助站发现受助人员故意提供虚假个人情况时，有权终止救助。救助站只是救急的场所，并不提供工作机会，所以不能解决根本问题。

6. 农民进城务工享有哪些基本权利？

根据现行劳动保障法律法规的规定，进城务工人员应当享有的基本权利包括：

（1）用人单位应当按时足额支付工资，不得克扣、无故拖欠进城务工人员工资。

（2）用人单位支付的工资不得低于当地最低工资标准。

（3）用人单位应依法实行国家规定的工时制度，安排进城务工人员加班加点应符合国家有关规定，并依法支付加班加点工资。

（4）用人单位应当依法与进城务工人员签订劳动合同。

（5）试用期应包括在劳动合同期限之中。

（6）用人单位不得向进城务工人员收取定金、保证金或扣留居民身份证等证件。

（7）用人单位不得随意解除劳动合同，解除劳动合同应当符合《中华人民共和国劳动法》的规定，并依法向进城务工人员支付经济补偿金。

（8）进城务工人员依法享有休息休假权利。

（9）女职工和未成年工享受特

殊劳动保护。

（10）进城务工人员有权参加工伤保险、基本医疗保险、基本养老保险、失业保险和生育保险。

此外，各地根据中央最新文件精神，近几年来，在以下几个方面纷纷提出了对农民工的优惠政策：①农民进城务工的落户政策和社会福利政策；②对农民工的工伤赔偿等劳动保障政策；③对农民工的技能培训政策；④农民工子女教育的相关政策；⑤农民工返乡创业的优惠政策。

7. 进城务工人员维权有哪些途径？

（1）在职业中介机构被骗或者被用人单位侵权的，可以到当地劳动保障监察机构投诉。

（2）与用人单位发生劳动争议的，可以到当地劳动仲裁委员会申请仲裁。对仲裁结果不服的，可以向当地人民法院提起诉讼。

（3）到劳动保障部门投诉或申请工伤认定、要求支付社会保险待遇等，如果劳动保障部门有关机构拖着不办，或者对其处理结果不服的，可以申请行政复议或向当地人民法院提起诉讼。

（4）如果遇到一些复杂的官司，对法律问题搞不懂的时候，可以到当地工会、妇女联合会、共青团组织以及当地新闻媒体、法律援助中心等部门寻求帮助。

如果想了解劳动保障政策，或者遇到具体问题需要咨询的时候，可以拨打全国统一的人力资源社会保障"12333"热线电话，免费咨询劳动保障政策，工作人员会给您详细的解答。

8. 特别要注意法定时限的法律维权申请有哪几种情况?

劳动者通过劳动保障监察、劳动争议仲裁、行政复议等法律途径维护自身合法权益,或者申请工伤认定、职业病诊断与鉴定等,一定要注意在法定的时限内提出申请。如果超过了法定时限,有关申请可能不会被受理,致使自身权益难以得到保护。主要情况有:

(1) 申请劳动仲裁的,应当在劳动争议发生之日起(即当事人知道或应当知道其权利被侵害之日)起60日内,向劳动争议仲裁部门申请仲裁。

(2) 对劳动争议仲裁委员会做出的仲裁裁决不服,提起诉讼的,应当自收到仲裁裁决书之日起15日内,向人民法院提起诉讼。

(3) 申请行政复议的,应当自知道该具体行政行为之日起60日内,提出行政复议申请。

(4) 对行政复议决定不服,提起行政诉讼的,应当自收到行政复议决定书之日起15日内,向人民法院提起行政诉讼。

(5) 直接向人民法院提起行政诉讼的,应当在知道做出具体行政行为之日起 6 个月内提出，法律另有规定的除外。因不可抗力或者其他特殊情况耽误起诉期限的，在障碍消除后的 10 日内，可以申请延长期限，是否准许由人民法院决定。

（6）申请工伤认定的，工伤职工所在单位应当自事故伤害发生之日或者职工被诊断、鉴定为职业病之日起 30 日内，向统筹地区劳动保障行政部门提出工伤认定申请。遇有特殊情况，经报劳动保障行政部门同意，申请时限可以适当延长。用人单位未按规定提出工伤认定申请的，工伤职工或者其直系亲属、工会组织在事故伤害发生之日或者被诊断、鉴定为职业病之日起 1 年内，可以直接向用人单位所在地统筹地区劳动保障行政部门提出工伤认定申请。

尽量宽恕别人，而绝不要原谅自己。

——西拉斯

9. 如果袖手旁观素不相识者被非法地践踏人权，你知道这样做的后果吗？

　　公民的权利和自由表面看来是写在纸面上的东西，每个公民所享有的人权似乎是互不相干的东西，实际的情形并不是这样。全体公民的权利和自由是一个命运共同体，它像一个链条上一个个不可或缺的环节，只要哪个环节出了问题，整个链条就会出问题；它也像一座江河上的大坝，只要出现一个漏洞，大坝就迟早会崩溃，"千里之堤，溃于蚁穴"。真诚地反对给别人带来痛苦是人的基本良知。因此，无论侵犯的是哪一个具体的个人的人权，都是在践踏全体公民的人权，绝不能冷漠地袖手旁观。否则，厄运也会马上降临到自己头上。

> 以铜为镜，可以正衣冠；以古为镜，可以知兴替；以人为镜，可以明得失。
> ——李世民

10. 在人们眼中被视为坏人的犯罪嫌疑人和已经被判刑的罪犯还享有人权吗？

无论是犯罪嫌疑人还是已经被判刑的罪犯，除了被依法剥夺的某些权利（如政治权利）外，他们依然享有其他未被剥夺的人权。警察绝不能打他、骂他、侮辱他，绝不能对他进行严刑拷打、刑讯逼供。否则，警察就是在犯罪，应当追究执法者的刑事责任。即使是死刑犯，也享有受到体面对待的人权，执法人员绝不能打他、骂他、侮辱他。

如果没有正义，勇气不是美德。
——希腊俗语

11. 在接受执法活动时，被执法者首先应该做什么？

在接受执法时，被执法者首先应当要求国家机关工作人员出示他们的执法证件，在查验了国家机关工作人员的执法证件并把他们的姓名、单位和执法证件号码进行书面记录以后，才可以接受国家机关工作人员对自己开展执法活动。被执法者这样做的目的在于：

（1）便于确定哪个国家机关及其工作人员对自己开展执法活动，以免被社会上那些冒充国家机关工作人员的人行骗。

（2）一旦该国家机关工作人员在执法过程中有违法侵权行为，被执法者可以在事后依照法律规定向有侵权行为的国家机关工作人员追究法律责任。否则，就无法确定责任的承担者。

12. 国家机关开展执法活动，其法定工作人数应该是多少？

法律规定，在大多数情况下，国家机关工作人员开展执法活动，其法定工作人数至少应在 2 人或 2 人以上，并应向当事人或有关人员出示证件。少于 2 人开展执法活动，在程序上违法。但法律规定在某些特殊情况下，可以一人开展执法活动的除外。

夫君子之行，静以修身，俭以养德，非淡泊无以明志，非宁静无以致远。
　　　　　　　　　——诸葛亮

13. 在执法活动时，工作人员拒绝出示执法证件和说明执法事由，被执法者该怎么办？

公民、法人或其他组织遇上这样的情形，可以拒绝国家机关工作人员对自己开展执法活动。在这种情况下，如果被强行执法，公民、法人或其他组织首先应当立即拨打110报警，在对国家机关工作人员的执法活动留存证据（例如录音、拍照、录像）后，依照法律规定追究国家机关工作人员的侵权责任。

人越伟大，越能克制怒火。
——奥维德

14. 如果你突然遇上有穿制服的人声称要检查你的身份证，该怎么办？

你的正确反应是：不要被外表的工作制服所震慑和惊慌。相反，你应当要求那些想查验你身份证的人必须首先出示他们的执法证件。这是《中华人民共和国居民身份证法》第十五条规定的权利。经查验对方证件，发现他们不是警察，你可以明确拒绝对方；如果是警察，你应当把自己的身份证交由对方查验。

多听，少说，接受每一个人的责难，但是保留你的最后裁决。

——莎士比亚

15. 在哪几种情况下，人民警察才有权查验居民身份证？

按照《中华人民共和国居民身份证法》第十五条的规定，人民警察只有在下列情形之一时，才能查验居民身份证。而且无论地点在哪里（哪怕是在公安局的办公大楼里），在查验前，警察应当先出示执法证件。

（1）对有违法犯罪嫌疑的人员，需要查明身份的。

（2）依法实施现场管制时，需要查明有关人员身份的。

（3）发生严重危害社会治安突发事件时，需要查明现场有关人员身份的。

（4）在火车站、长途汽车站、港口、码头、机场或者在重大活动期间设区的市级人民政府规定的场所，需要查明有关人员身份的。

（5）法律规定需要查明身份的其他情形。

除了上述规定的五种情况外，警察都不能查验居民身份证。所以，如果在车站、码头看到警察毫无任何理由就要你出示身份证给他检查，而他作为执法人员却不首先出示他的执法证件，那么他的执法行为就是违法的。

16. 如果警察、法官或检察官找上门来传唤你，要把你带到公安局、法院或检察院进行讯问，该怎么办？

在你查验了对方的执法证件，确认对方是警察、法官或检察官，并对执法证件的信息进行记录后，接下来你应当查验执法人员是否带了公安局、法院或检察院制作的传唤证。要把你带走的传唤证必须同时满足以下几个要件才是合法有效的：

（1）传唤证上必须明确写清传唤的事实或理由。

（2）传唤证上必须盖有公安局、法院或检察院的公章。

（3）传唤证上必须填写了明确的传唤日期。

如果传唤证里面的上述三项内容模糊不清或缺损，或者执法人员在拒绝向你出示任何传唤证的前提下就想把你带走，你可以拒绝。如果执法人员将你强行带走并进行讯问，你可以在事后采取法律行动追究执法人员的侵权责任。

17. 在你被执法机关监禁或拘留期间，如果执法人员对你进行讯问，该怎么应对？

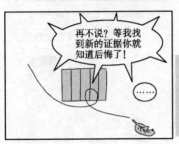

　　按照法律规定，你既可以向讯问你的执法人员陈述自己的所作所为或所见所闻，也可以对询问你的执法人员保持沉默，一言不发。即便在你保持沉默的情况下，询问你的执法人员也绝不可以对你采取任何刑讯逼供的手段来强迫你回答问题。如果执法人员对你采取了任何刑讯逼供的行为，你可以在事后依法追究他们的违法侵权责任。

　　要留心，即使当你独自一人时，也不要说坏话或做坏事！而要学得在你自己面前比在别人面前更知耻。
　　　　　　　　——德谟克利特

18. 如果执法人员要搜查你的住处或工作场所，该怎么办？

首先，要查验执法人员是否带了符合法律规定的搜查证。要搜查你的住处或工作场所的搜查证必须满足以下几个要件才是合法有效的：

（1）搜查证上必须明确写清搜查的事实或理由。

（2）搜查证上必须盖有下令搜查的执法机关公章。

（3）搜查证上必须填写了明确的搜查日期。

如果搜查证里面的上述三项内容模糊不清或缺损，或者执法人员在拒绝向你出示任何搜查证的情况下，就想搜查你的住处或工作场所，你可以拒绝执法人员的要求。如果执法者强行搜查你的住处或工作场所，你可以在事后采取法律行动追究执法人员的侵权责任。

其次，在执法人员搜查你的住处或工作场所的过程中，除了执法人员不得少于两人外，还必须有被搜查者本人在场见证搜查活动。如被搜查者本人因被监禁无法在现场见证搜查活动，则被搜查者的单位领导或被搜查者亲属应在场见证，搜查活动才是合法的。

19. 执法人员的搜查结束后，如果要扣押或没收你的物品，该怎么办?

你应当要求执法人员出具一份盖有执法机关单位公章并写明日期的扣押清单或没收清单，同时要求在这份清单上详列明执法机关需要扣押或没收的物品，由你和搜查过程的见证人在扣押清单或没收清单上签字。

这样要求的目的是：若事后证明执法机关的执法活动违法侵权，当事人可以凭扣押清单或没收清单要求执法机关返还被扣押或被没收的物品，并以此为证据追究执法人员的法律责任。

> 为原则而斗争容易，按原则的要求活着难。
>
> ——史蒂文森

20. 当国家机关执法人员依照某些行政命令进行强制拆迁或征用土地，或者法院依法进行强制执法活动时，公民、法人或其他组织应怎样应对？

在这种情形下，无论国家机关执法人员的执法依据是否合法，也无论你在心中对执法人员的执法活动是多么愤怒和不满，对你来说，最为安全且合法的反应是：①打不还手，骂不还口；②默默地对执法人员的执法行为留存证据，以便事后依法追究执法者的侵权责任。如果你无法冷静地按照上述建议去做，而是在愤怒和冲动的激发下用各种你感觉很过瘾的行为去阻止执法人员开展执法活动，这样做的后果，很可能是：你将被执法人员以涉嫌"妨碍公务"的罪名而被移送司法机关追究刑事责任。

21. 如果你发现国家机关和国家工作人员有违法失职行为，该怎么办?

　　按照《中华人民共和国宪法》的规定，中国公民对任何国家机关和国家工作人员，有提出批评和建议的权利;对于国家机关和国家工作人员的违法失职行为，无论你是否是受害者，有向有关国家机关（人民代表大会、法院、检察院、公安机关、监察机关等）提出申诉、控告或者检举的权利，但是不得捏造或者歪曲事实进行诬告陷害。

　　对于公民的申诉、控告或者检举，有关国家机关必须查明事实，负责处理，任何人不得压制和打击报复。

> 　　我深信只有道德的公民才能向自己的祖国致以可被接受的敬礼。
>
> 　　　　　　　　——卢梭

22. 哪些执法机关有权做出限制或剥夺中国公民人身自由的处罚？限制或剥夺公民人身自由的处罚由哪个机关执行？

按照《中华人民共和国宪法》的规定，中国公民的人身自由不受侵犯。在中国，有权批准或决定限制或剥夺公民人身自由的机关只有两个——各级检察院和各级法院，其他任何机关无权做这样的批准或决定。

限制或剥夺公民人身自由的处罚只能由公安机关执行，其他任何机关都不能行使这项权力。《中华人民共和国宪法》还规定，禁止非法拘禁和以其他方法非法剥夺或者限制公民的人身自由。

自由是做法律所许可的一切事情的权利。
　　　　——孟德斯鸠

23. 如果你到法院递交行政诉讼的起诉状，要求法院立案，而法院因某些因素的影响而拒绝接受你的立案材料，面对这种情况，该怎么办？

按照法律规定，当事人到法院递交立案材料，无论法院最终是否立案，都得先把当事人的立案材料收下，并出具注明收到日期的书面凭证。如果法院拒收当事人的立案材料，就是违法。

法院在收下当事人的立案材料后，对民事、行政起诉，应当在 7 日内做出是否立案的书面决定，并把该决定书面通知当事人。

如果法院因某些因素的影响而拒绝接受你的立案材料，法院的行为是违法的。根据法律的规定，你可以有以下几个途径依法维护你的权利：

（1）向受诉人民法院或者上级人民法院投诉。2015 年 5 月 1 日起施行的《最高人民法院关于人民法院登记立案若干问题的规定》第十三条提出：对立案工作中存在的不接收诉状、接收诉状后不出具书面凭证、不一次性告知当事人补正诉状内容，以及有案不立、拖延立案、干扰立案、既不立案又不做出裁定或者决定等违法违纪情形，当事人可以向受诉人民法院或者上级人民法院投诉。人民法院应当在受理投诉之日起 15 日内，查明事实，并将情况反馈当事人。发现违法违纪行为的，依法依纪追究相关人员责任；构成犯罪的，依法追究刑事责任。

《中华人民共和国行政诉讼法》第五十一条规定：对于不接收起诉状、接收起诉状后不出具书面凭证，以及不一次性告知当事人需要补正的起诉状内容的，当事人可以向上级人民法院投诉，上级人民法院应当责令改正，并对直接负责的主管人员和其他直接责任人员依法给予处分。第五十二条规定：人民法院既不立案，又不做出不予立案裁定的，当事人可以向上一级人民法院起诉。上一级人民法院认为符合起诉条件的，应当立案、审理，也可以指定其他下级人民法院立案、审理。

（2）向与该法院同级的专门法律监督机关——检察院或上级检察院提出监督申请，要求检察院依法对法院的违法行为展开法律监督。

（3）向与该法院同级的人民代表大会常务委员会（以下简称"人大常委会"）提出监督申请，要求人大常委会依法对法院拒绝立案的违法行为展开个案监督，向法院提出质询案或要求法院向人大常委会做出书面解释或答复。

24. 如果检察院或公安机关有拒绝履行自己法定职权的行为或其他违法失职行为，遭受该行为侵权的公民、法人或其他组织应怎么办？

按照法律规定，遇到这种情形，公民、法人或其他组织可以通过以下途径进行处理：

（1）向同级或上级监察委员会进行举报。国家监察委员会于 2018 年 3 月成立，是最高监察机关，领导地方各级监察委员会的工作。根据《中华人民共和国监察法》的规定，监察委员会主要职责之一就是：维护宪法法律，对公职人员依法履职、秉公用权、廉洁从政以及道德操守情况进行监督检查，对涉嫌职务违法和职务犯罪的行为进行调查并做出政务处分决定等。

（2）向同级或上级检察院或公安机关进行举报。

（3）向同级的人大常委会递交要求监督检察院或公安机关违法失职行为的申请，要求人大常委会依法对检察院或公安机关拒绝履行自己法定职权的行为或其他违法失职行为展开个案监督，向检察院或公安机关提出质询案或要求检察院或公安机关向人大常委会做出书面解释或答复。

> 对于现实问题的健全的判断是一切德行的真正基础。——夸美纽斯

25. 如果公民、法人或其他组织依法向行政机关提出办理某种公务的申请（例如发放许可证、发放抚恤金等），行政机关在法定的期限届满后拒绝履行自己的法定职责，公民、法人或其他组织该怎么办?

行政机关的这种作为构成行政不作为。公民、法人或其他组织对行政不作为可以有以下几种途径来维护自己的权利：

（1）可以向该行政机关的上级机关或监察机关反映情况，请求追究行政不作为的法律责任。

（2）依照《中华人民共和国行政复议法》的规定，向行政不作为的上级行政机关提起行政复议申请。

（3）依照《中华人民共和国行政诉讼法》的规定，对该行政不作为的行政机关提起行政诉讼。

26. 当有人对你的人身安全发出威胁，或者正在实施威胁你人身安全的行为时，该怎么办？

面对这种情况，你应该迅速拨打 110，向警察求援。依据《中华人民共和国人民警察法》的规定，警察的任务之一，是维护社会治安秩序，保护公民的人身安全、人身自由和合法财产，保护公共财产，预防、制止和惩治违法犯罪活动。

如果你向 110 报警后，警方拒绝出警，导致你的人身、财产遭受侵害。对于警方这种拒绝履行法定义务的违法失职行为，你可以向人民警察机关、人民检察院或行政监察机关检举或控告，要求追究警方违法失职责任。同时，你还可以向人民法院提起行政诉讼，起诉警方拒绝履行法定义务的违法失职行为构成违法，并要求赔偿损失。

27. 在哪些情况下，公民采取正当防卫所导致施暴者的伤亡，不属于防卫过当，不负刑事责任？

根据《中华人民共和国刑法》的规定，对正在进行行凶、杀人、抢劫、强奸、绑架以及其他严重威胁人身安全的暴力犯罪，公民采取正当防卫，造成不法侵害人伤亡的，不属于防卫过当，不负刑事责任。

对这一规定中"行凶"一词的理解很重要，这里的"行凶"一词从法律上讲应该是"严重的故意伤害行为"，它是介于"故意重伤害"与"故意杀人"之间的一种"模糊不清或不确定"的伤害行为。因此，《中华人民共和国刑法》中规定的"行凶"，至少应该是指一种"严重危及人身安全的暴力犯罪"行为。

28. 公安机关对于哪些人员不得适用继续盘问?

按照我国《公安机关适用继续盘问规定》第九条，对于具有下列情形之一的人员，不得适用继续盘问:

（1）有违反治安管理或者犯罪嫌疑，但未经当场盘问、检查的。

（2）经过当场盘问、检查，已经排除违反治安管理和犯罪嫌疑的。

（3）涉嫌违反治安管理行为的法定最高处罚为警告、罚款或者其他非限制人身自由的行政处罚的。

（4）从其住处、工作地点抓获以及其他应当依法直接适用传唤或者拘传的。

（5）已经到公安机关投案自首的。

（6）明知其所涉案件已经作为治安案件受理或者已经立为刑事案件的。

（7）不属于公安机关管辖的案件或者事件当事人的。

（8）患有精神病、急性传染病或者其他严重疾病的。

来人呀！请跟我说说话。我只是跟你们开个玩笑。其实你们盘问我很高兴的。真的！

（9）其他不符合上述规定所列条件的。

根据《公安机关适用继续盘问规定》第十条，对于符合下述条件的人员，公安机关可以将其带至公安机关继续盘问：①被害人、证人控告或者指认其有犯罪行为的；②有正在实施违反治安管理或者犯罪行为嫌疑的；③有违反治安管理或者犯罪嫌疑且身份不明的；④携带的物品可能是违反治安管理或者犯罪的赃物的。但对这些人员中同时具有下列情形的人员，必须在带至公安机关之时起 4 小时内盘问完毕，且不得送入候问室：①怀孕或者正在哺乳自己不满一周岁婴儿的妇女；②不满 16 周岁的未成年人；③已满 70 周岁的老年人。对这些人员在晚上 9 点至次日早上 7 点之间释放的，应当通知其家属或者监护人领回；对身份不明或者没有家属而无法通知的，应当护送至其住地。

尊重生命，尊重他人也尊重自己的生命，是生命进程中的伴随物，也是心理健康的一个条件。

——弗洛姆

29. 公安机关适用继续盘问的时间限制有哪些规定?

根据《公安机关适用继续盘问规定》第十一条,继续盘问的时限一般为 12 小时;对于在 12 小时以内确实难以证实或者排除其违法犯罪嫌疑的,可以延长至 24 小时;对不讲真实姓名、住址、身份,且在 24 小时内仍不能证实或者排除其违法犯罪嫌疑的,可以延长至 48 小时。

以上规定的时限自有违法犯罪嫌疑的人员被带至公安机关之时起,至被盘问人可以自由离开公安机关之时或者被决定刑事拘留、逮捕、行政拘留、收容教育、强制戒毒而移交有关监管场所执行之时止,包括呈报和审批继续盘问、延长继续盘问时限、处理决定的时间。

虚荣心很难说是一种恶行,然而一切恶行都围绕虚荣心而生,都不过是满足虚荣心的手段。
——柏格森

30. 在继续盘问期间，哪些行为是严禁实施的？

根据《公安机关适用继续盘问规定》第十二条，在继续盘问期间，公安机关及其执法警察应当依法保障被盘问人的合法权益，严禁实施下列行为：

（1）超适用范围继续盘问。

（2）超时限继续盘问。

（3）适用继续盘问不履行审批、登记手续。

（4）以继续盘问代替处罚。

（5）将继续盘问作为催要罚款、收费的手段。

（6）批准继续盘问后不立即对有违法犯罪嫌疑的人员继续进行盘问。

（7）以连续继续盘问的方式变相拘禁他人。

当你幸福的时候，切勿丧失使你变得幸福的德行。

——莫罗阿

31. 在案情处于侦察阶段期间，律师可以依法提供哪些法律服务？

根据 2012 年 12 月 13 日修订的《公安机关办理刑事案件程序规定》第四十条，在案情处于侦察阶段期间，公安机关应当保障律师依法从事下列业务：

（1）向公安机关了解犯罪嫌疑人涉嫌的罪名和案件有关情况，提出意见。

（2）与犯罪嫌疑人会见和通信，向犯罪嫌疑人了解案件有关情况。

（3）为犯罪嫌疑人提供法律帮助、代理申诉、控告。

（4）为犯罪嫌疑人申请变更强制措施。

宽容是文明的唯一考核。
——海尔普斯

32. 公安机关应当在什么时间告知犯罪嫌疑人有权委托律师为其提供法律服务？

根据《公安机关办理刑事案件程序规定》第四十一条、第四十二条，公安机关在对犯罪嫌疑人依法进行第一次讯问时或者采取强制措施时，应当告知犯罪嫌疑人有权委托律师作为辩护人，并告知其如果因经济困难或者其他原因没有委托辩护律师的，可以向法律援助机构申请法律援助。告知的情形应当记录在案。

犯罪嫌疑人可以自己委托律师，其亲属也可以代为委托。

犯罪嫌疑人委托律师的请求可以书面提出，也可以口头提出；口头提出的，公安机关应当做笔录，并让其签名、捺指印。

不论你是一个男子还是一个女人，待人温和宽厚才配得上人的名称。一个人的真正的英勇果断，绝不等于用拳头制止别人发言。

——萨迪

33. 律师提出会见犯罪嫌疑人的请求，公安机关应当在几个小时内安排会见？

《公安机关办理刑事案件程序规定》第五十条规定：辩护律师要求会见在押的犯罪嫌疑人，看守所应当在查验其律师执业证书、律师事务所证明和委托书或者法律援助公函后，在 48 小时以内安排律师会见到犯罪嫌疑人，同时通知办案部门。

侦查期间，辩护律师会见危害国家安全犯罪案件、恐怖活动犯罪案件、特别重大贿赂犯罪案件在押或者被监视居住的犯罪嫌疑人时，看守所或者监视居住执行机关还应当查验侦查机关的许可决定文书。

当一个人受到公众信任时，他就应该把自己看做公众的财产。

——杰弗逊

34. 公安机关在什么情况下可以拘传嫌疑人、被告人？拘传持续不得超过多少时间？

根据《公安机关办理刑事案件程序规定》第七十四条、第七十六条，公安机关根据案件情况对需要拘传的犯罪嫌疑人，或者经过依法传唤，没有正当理由不到案的犯罪嫌疑人，可以拘传到其所在市、具内的指定地点进行讯问。拘传持续的时间不得超过 12 小时；案情特别重大、复杂，需要采取拘留、逮捕措施的，经县级以上公安机关负责人批准，拘传持续的时间不得超过 24 小时。不得以连续拘传的形式变相拘禁犯罪嫌疑人。

不要对一切人都以不信任的眼光看待，但要谨慎而坚定。
——德谟克里特

35. 公安机关对哪些情形的犯罪嫌疑人可以取保候审，哪些犯罪嫌疑人不得取保候审?

根据《公安机关办理刑事案件程序规定》第七十七条，公安机关对具有下列情形的犯罪嫌疑人，可以取保候审:

（1）可能判处管制、拘役或者独立适用附加刑的。

（2）可能判处有期徒刑以上刑罚，采取取保候审不致发生社会危险性的。

（3）患有严重疾病、生活不能自理，怀孕或者正在哺乳自己婴儿的妇女，采取取保候审不致发生社会危险性的。

（4）羁押期限届满，案件尚未办结，需要继续侦查的。

此外，对拘留的犯罪嫌疑人，证据不符合逮捕条件，以及提请逮捕后，人民检察院不批准逮捕，需要继续侦查，并且符合取保候审条件的，可以依法取保候审。

根据《公安机关办理刑事案件程序规定》第七十八条，对累犯，犯罪集团的主犯，以自伤、自残办法逃避侦查的犯罪嫌疑人，严重暴力犯罪以及其他严重犯罪的犯罪嫌疑人，不得取保候审。但犯罪嫌疑人具有下述情

形的除外：①患有严重疾病、生活不能自理，怀孕或者正在哺乳自己婴儿的妇女，采取取保候审不致发生社会危险性的；②羁押期限届满，案件尚未办结，需要继续侦查的。

36. 对犯罪嫌疑人取保候审最长不得超过多久?

根据《公安机关办理刑事案件程序规定》第一百零三条,对犯罪嫌疑人取保候审最长不得超过12个月。

尊重人不应该胜于尊重真理。

——柏拉图

37. 公安机关对哪些情形的犯罪嫌疑人可以监视居住？监视居住不得超过多少时间？

根据《公安机关办理刑事案件程序规定》第一百零五条，公安机关对具有下列情形之一的犯罪嫌疑人，可以监视居住：

（1）患有严重疾病、生活不能自理的。

（2）怀孕或者正在哺乳自己婴儿的妇女。

（3）系生活不能自理的人的唯一扶养人。

（4）因案件的特殊情况或者办理案件的需要，采取监视居住措施更为适宜的。

（5）羁押期限届满，案件尚未办结，需要采取监视居住措施的。

此外，对人民检察院决定不批准逮捕的犯罪嫌疑人，需要继续侦查，并且符合监视居住条件的，可以监视居住；对于符合取保候审条件，但犯罪嫌疑人不能提出保证人，也不交纳保证金的，可以监视居住。

对于被取保候审人违反下述规定的，可以监视居住：①未经执行机关批准，不得离开所居住的市、县；②住址、工作单位和联系方式发生变动的，在 24 小时以内向执行

机关报告；③在传讯的时候及时到案；④不得以任何形式干扰证人作证；⑤不得毁灭、伪造证据或者串供；⑥不得进入与其犯罪活动等相关联的特定场所；⑦不得与证人、被害人及其近亲属、同案犯以及与案件有关联的其他特定人员会见或者以任何方式通信；⑧不得从事与其犯罪行为等相关联的特定活动；⑨将护照等出入境证件、驾驶证件交执行机关保存。

38. 犯罪嫌疑人可以在公安机关的讯问笔录上拒绝签字和按手印吗?

　　根据《公安机关办理刑事案件程序规定》第二百零一条,讯问笔录应当交犯罪嫌疑人核对或者向他宣读。如果记录有遗漏或者差错,应当允许犯罪嫌疑人补充或者更正,并捺指印。笔录经犯罪嫌疑人核对无误后,应当由其在笔录上逐页签名、捺指印,并在末页写明"以上笔录我看过(或向我宣读过),和我说的相符"。犯罪嫌疑人可以在公安机关的讯问笔录上拒绝签字和按手印,侦查人员应当在笔录上注明。

　　人不仅要做好事,更要以正确的方式做好事。

　　　　　　　　　　——莫利

39. 在刑事案件的侦查阶段，犯罪嫌疑人被羁押期限不得超过多久？

根据中国的刑事法律法规，刑事案件的犯罪嫌疑人在遭受起诉和审判前的侦查阶段，被公安机关羁押的最长时间不得超过 8 个月零 14 天。这一数据从以下规定总结出来：

（1）《中华人民共和国刑事诉讼法》第八十九条规定的羁押期限是 1 个月零 14 天。其中，公安机关对被拘留的人，认为需要逮捕的，应当在拘留后的 3 日以内，提请人民检察院审查批准，在特殊情况下，提请审查批准的时间可以延长 1 日至 4 日；对于流窜作案、多次作案、结伙作案的重大嫌疑分子，提请审查批准的时间可以延长至 30 日；人民检察院应当自接到公安机关提请批准逮捕书后的 7 日以内，做出批准逮捕或者不批准逮捕的决定。

（2）根据《中华人民共和国刑事诉讼法》第一百五十四条、第一百五十六条和第一百五十七条的规定，以及 1998 年 1 月 19 日公布的《最高人民法院、最高人民检察院、公安部、国家安全部、司法部、全

国人大常委会法制工作委员会关于刑事诉讼法实施中若干问题的规定》，2013 年 1 月 1 日起施行的修订后的《公安机关办理刑事案件规定》等相关规定，一般普通刑事案件，对犯罪嫌疑人在逮捕后的侦查羁押期限不得超过 2 个月。案情复杂的案件，经上一级人民检察院批准，羁押期限可以延长 1 个月。下列四种特定案件，羁押期限届满还不能侦查终结的，经省、自治区、直辖市人民检察院批准或者决定，可以延长 2 个月：交通十分不便的边远地区的重大复杂案件；重大的犯罪集团案件；流窜作案的重大复杂案件；犯罪涉及面广，取证困难的重大复杂案件。另外，对犯罪嫌疑人可能判处10 年有期徒刑以上刑罚的重大案件，延长期限届满仍不能侦查终结的，经省、自治区、直辖市人民检察院批准或者决定，可以再延长 2 个月。这些延长的羁押期限最长为 7 个月。

40. 公安机关对哪些行政处罚可以当场做出决定，哪些不适用当场做出决定？

爸爸！公安机关办理行政案件，哪些行政处罚可以当场做出决定，哪些行政处罚不适用当场做出决定？

根据……法定依据，对个人处以50元以下、对单位处以1 000元以下罚款或者警告的行政处罚，可以由办案人员当场做出行政处罚决定。

……

涉及卖淫、嫖娼、赌博、毒品的案件，不适用当场处罚。

哦！

那爸爸吐痰可以当场罚款了。

根据 2013 年 1 月 1 日起施行的修订后的《公安机关办理行政案件程序规定》第三十四条，违法事实确凿，且具有下列情形之一的，人民警察可以当场做出处罚决定，有违禁品的，可以当场收缴：

（1）对违反治安管理行为人或者道路交通违法行为人处 200 元以下罚款或者警告的。

（2）出入境边防检查对违反出境入境管理行为人处 500 元以下罚款或者警告的。

（3）对有其他违法行为的个人处 50 元以下罚款或者警告、对单位处 1 000 元以下罚款或者警告的。

（4）法律规定可以当场处罚的其他情形。

涉及卖淫、嫖娼、赌博、毒品的案件，不适用当场处罚。

> 你不能靠你声称你将要去做的事情来建立声誉。
>
> ——福特

41. 公安机关执法人员做出当场行政处罚时，应当遵守什么执法程序？

　　根据《公安机关办理行政案件程序规定》第三十五条，当场处罚，应当按照下列程序实施：

　　（1）向违法行为人表明执法身份。

　　（2）收集证据。

　　（3）口头告知拟做出行政处罚的事实、理由、依据及其依法享有的权利。

　　（4）充分听取违法行为人的陈述和申辩。违法行为人提出的事实、理由或者证据成立的，应当采纳。

　　（5）填写处罚决定书并交付被处罚人。

　　（6）当场收缴罚款的，同时填写罚款收据，交付被处罚人；未当场收缴罚款的，应当告知被处罚人在规定期限内到指定的银行缴纳罚款。

42. 公安机关执法人员当场收缴罚款，被处罚人在什么情况下有权拒绝缴纳罚款？

《中华人民共和国治安管理处罚法》第一百零六条规定，人民警察当场收缴罚款的，应当向被处罚人出具省、自治区、直辖市人民政府财政部门统一制发的罚款收据；不出具统一制发的罚款收据的，被处罚人有权拒绝缴纳罚款。

业余生活要有意义，不要越轨。
——华盛顿

43. 在什么情况下，公安机关执法人员可以当场收缴罚款？

《中华人民共和国治安管理处罚法》第一百零四条规定，受到罚款处罚的人应当自收到处罚决定书之日起15日内，到指定的银行缴纳罚款。但是，有下列情形之一的，人民警察可以当场收缴罚款：①被处50元以下罚款，被处罚人对罚款无异议的；②在边远、水上、交通不便地区，公安机关及其人民警察依照本法的规定做出罚款决定后，被处罚人向指定的银行缴纳罚款确有困难，经被处罚人提出的；③被处罚人在当地没有固定住所，不当场收缴事后难以执行的。

《中华人民共和国治安管理处罚法》第一百零五条规定，人民警察当场收缴的罚款，应当自收缴罚款之日起2日内，交至所属的公安机关；在水上、旅客列车上当场收缴的罚款，应当自抵岸或者到站之日起2日内，交至所属的公安机关；公安机关应当自收到罚款之日起2日内将罚款缴付指定的银行。

另外，《中华人民共和国行政处罚法》第五十二条规定，当事人确有经济困难，需要延期或者分期缴纳罚款的，经当事人申请和行政机关批准，可以暂缓或者分期缴纳。

44. 公安机关在办理行政案件中，询问查证违法嫌疑人的时间不得超过几个小时？

根据《公安机关办理行政案件程序规定》第四十五条，为维护社会秩序，人民警察对有违法嫌疑的人员，经表明执法身份后，可以当场盘问、检查。对当场盘问、检查后，不能排除其违法嫌疑，依法可以适用继续盘问的，可以将其带至公安机关，经公安派出所负责人批准，对其继续盘问。对违反出境入境管理的嫌疑人依法适用继续盘问的，应当经县级以上公安或者出入境边防检查负责人批准。继续盘问的时限一般为 12 小时；对在 12 小时以内确实难以证实或者排除其违法犯罪嫌疑的，可以延长至 24 小时；对不讲真实姓名、住址、身份，且在 24 小时以内仍不能证实或者排除其违法犯罪嫌疑的，可以延长至 48 小时。

根据《公安机关办理行政案件程序规定》第五十五条，对被传唤的违法嫌疑人，应当及时询问查证，询问查证的时间不得超过 8 小时；案情复杂，违法行为依法可能适用行政拘留处罚的，询问查证的时间不得超过 24 小时。不得以连续传唤的形式变相拘禁违法嫌疑人。

《公安机关办理行政案件程序规定》还明确，询问违法嫌疑人时，应当告知其对办案人员的提问有如实回答的义务，但对与本案无关的问题，则有拒绝回答的权利。询问时，应当认真听取违法嫌疑人的陈述和申辩。对违法嫌疑人的陈述和申辩，应当认真核查。

按照《公安机关办理行政案件程序规定》，询问笔录应当交给违法嫌疑人核对或者向其宣读。如记录有误或者遗漏，应当允许违法嫌疑人更正或者补充，并按指印。询问笔录经违法嫌疑人核对无误后，应当由其在询问笔录上逐页签名或者捺指印。违法嫌疑人请求自行书写陈述的，应当准许。

45. 公安机关在做出哪些行政处罚决定之前，应告知违法嫌疑人有要求举行听证的权利？

根据《公安机关办理行政案件程序规定》第九十九条，公安机关在做出下列行政处罚决定之前，应当告知违法嫌疑人有要求举行听证的权利：

（1）责令停产停业。

（2）吊销许可证或者执照。

（3）较大数额罚款。

（4）法律、法规和规章规定违法嫌疑人可以要求举行听证的其他情形。

上述（3）中所称"较大数额罚款"是指：对个人处以 2 000 元以上罚款，对单位处以 10 000 元以上罚款，对违反边防出入境管理法律、法规和规章的个人处以 6 000 元以上的罚款。对依据地方性法规或者地方政府规章做出的罚款处罚，适用听证的罚款数额按照地方规定执行。

按照《公安机关办理行政案件程序规定》，听证由公安机关法制部门组织实施。公安机关内设业务部门依法以自己的名义做出行政处罚决定的，由该部门的非本案调查人员组织听证。听证主持人应当就行

政案件的事实、证据、程序、适用法律等方面全面听取当事人陈述和申辩。公安机关不得因违法嫌疑人提出听证要求而加重处罚。

按照《公安机关办理行政案件程序规定》，违法嫌疑人要求听证的，应当在公安机关告知后 3 日内提出申请。公安机关收到听证申请后，应当在 2 日内决定是否受理。认为违法嫌疑人的要求不符合听证条件，决定不予受理的，应当制作不予受理听证通知书，告知听证申请人。逾期不通知听证申请人的，视为受理。

按照《公安机关办理行政案件程序规定》，听证应当在公安机关收到听证申请之日起 10 日内举行。听证申请人、第三人和办案人员可以围绕案件的事实、证据、程序、适用法律、处罚种类和幅度等问题进行辩论。听证结束后，听证主持人应当写出听证报告书，连同听证笔录一并报送公安机关负责人。公安机关负责人应当根据听证情况，做出是否给予行政处罚的决定。

美德有如名香，经燃烧或压榨而其香愈烈，故幸运最能显露恶德而厄运最能显露美德。

——培根

46. 公安机关在办理行政案件中，扣押违法嫌疑人的财物的最长时间是多久？

根据《公安机关办理行政案件程序规定》第九十一条，在办理行政案件过程中，对下列物品，经公安机关负责人批准，可以依法扣押或者扣留：①与治安案件、违反出境入境管理的案件有关的需要作为证据的物品；②道路交通安全法律、法规规定适用扣留的车辆、机动车驾驶证；③其他法律、法规规定适用扣押或者扣留的物品。

第九十一条同时规定，在办理行政案件过程中，对下列物品，不得扣押或者扣留：①与案件无关的物品；②公民个人及其所扶养家属的生活必需品；③被侵害人或者善意第三人合法占有的财产。其中，对第②项和第③项的物品，应当予以登记，写明登记财物的名称、规格、数量、特征，并由占有人签名或者捺指印。必要时，可以进行拍照。但是，与案件有关必须鉴定的第②项和第③项的物品，可以依法扣押，结束后应当立即解除。

根据《公安机关办理行政案件程序规定》第九十六条，扣押、扣留、查封期限为 30 日，情况复杂

的，经县级以上公安负责人批准，可以延长 30 日；法律、行政法规另有规定的除外。延长扣押、扣留、查封期限的，应当及时书面告知当事人，并说明理由。

根据《公安机关办理行政案件程序规定》第九十五条，实施扣押、扣留、查封、抽样取证、先行登记保存等证据保全措施时，应当会同当事人查点清楚，制作并当场交付证据保全决定书。必要时，应当对采取证据保全措施的证据进行拍照或者对采取证据保全的过程进行录像。证据保全决定书应当载明下列事项：①当事人的姓名或者名称、地址；②抽样取证、先行登记保存、扣押、扣留、查封的理由、依据和期限；③申请行政复议或者提起行政诉讼的途径和期限；④做出决定的公安机关的名称、印章和日期。证据保全决定书应当附清单，载明被采取证据保全措施的场所、设施、物品的名称、规格、数量、特征等，由办案人民警察和当事人签名后，一份交当事人，一份附卷。有见证人的，还应当由见证人签名。当事人或者见证人拒绝签名的，办案人民警察应当在证据保全清单上注明。对可以作为证据使用的录音带、录像带、电子数据存储介质，在扣押时应当予以检查，记明案由、内容以及录取和复制的时间、地点等，并妥为保管。

按照《公安机关办理行政案件程序规定》第九十四条，办案人员收集证据时，在证据可能灭失或者以后难以取得的情况下，经公安机关办案部门以上负责人批准，可以将证据先行登记保存。先行登记保存期间，证据持有人及其他人员不得损毁或者转移证据。但对这些证据，应当在 7 日内做出处理决定。

生气的时候，开口前先数到十；如果非常愤怒，先数到一百。

——杰弗逊

47. 违法行为人在哪些情形下，不适用行政拘留处罚？

根据《公安机关办理行政案件程序规定》第一百四十条，违法行为人具有下列情形之一，依法应当给予行政拘留处罚的，应当做出处罚决定，但不送拘留所执行：

（1）已满 14 周岁不满 16 周岁的。

（2）已满 16 周岁不满 18 周岁，初次违反治安管理或者其他公安行政管理的。但是，曾被收容教养、被行政拘留依法不执行行政拘留或者曾因实施扰乱公共秩序，妨害公共安全，侵犯人身权利、财产权利，妨害社会管理的行为被人民法院判决有罪的除外。

（3）70 周岁以上的。

（4）孕妇或者正在哺乳自己婴儿的妇女。

己所不欲，勿施于人。
——《论语》

48. 公安机关在办理行政案件中，对精神病的医学鉴定应由谁来进行？

根据《公安机关办理行政案件程序规定》第七十四条，公安机关办案中，对精神病的医学鉴定，由有精神病鉴定资格的医院进行。

按照《公安机关办理行政案件程序规定》第一百三十四条，精神病人在不能辨认或者不能控制自己行为时有违法行为的，不予行政处罚，但应当责令其监护人严加看管和治疗。间歇性精神病人在精神正常时有违法行为的，应当给予行政处罚。尚未完全丧失辨认或者控制自己行为能力的精神病人有违法行为的，应当予以行政处罚，但可以从轻或者减轻行政处罚。

按照《公安机关办理行政案件程序规定》第七十二条和第七十三条，为了查明案情，需要对行政案件中专门技术性问题进行鉴定的，公安机关应当指派或者聘请具有专门知识的人员进行。公安机关应当为鉴定提供必要的条件，及时送交有关检材和比对样本等原始材料，介绍与鉴定有关的情况，并且明确提出要求鉴定解决的问题，但是不得强迫或者暗示鉴定人做出某种鉴定意见。

　　按照《公安机关办理行政案件程序规定》第八十一条，违法嫌疑人或者受害人对鉴定结论有异议的，可以在收到鉴定意见复印件之日起 3 日内提出重新鉴定的申请，经县级以上公安机关负责人批准后，进行重新鉴定。申请重新鉴定以一次为限，公安机关应当另行指派或者聘请鉴定人。按照第八十四条规定，鉴定费用由公安机关承担，但当事人自鉴定的除外。

　　　　浪费别人的时间是谋财害命，浪费自己的时间是慢性自杀。

　　　　　　　　　　　　　　　　　　　　　　　　　　——列宁

49. 用人单位招用人员时，哪些行为是国家明令禁止的?

根据 2015 年 2 月 1 日起施行的修改后的《就业服务与就业管理规定》，用人单位招用人员不得有下列行为：

（1）提供虚假招聘信息，发布虚假招聘广告。

（2）扣押被录用人员的居民身份证和其他证件。

（3）以担保或者其他名义向劳动者收取财物。

（4）招用未满 16 周岁的未成年人以及国家法律、行政法规规定不得招用的其他人员。

（5）招用无合法身份证件的人员。

（6）以招用人员为名牟取不正当利益或进行其他违法活动。

50. 什么是劳动合同？签订劳动合同应注意哪些事项？

劳动合同是劳动者与用人单位确立劳动关系、明确各自权利和义务的协议，也是劳动争议发生后处理争议的重要依据。因此，签订劳动合同必须符合法律法规的规定。在签订合同前，劳动者有权了解用人单位相关的规章制度、劳动条件和劳动报酬等情况；用人单位也有权了解劳动者的健康状况、知识技能和工作经历等情况。劳动合同需要双方共同签字，并且一式两份，由用人单位和劳动者各保存一份。

劳动合同的条款包括必备条款和约定条款两部分。必备条款是指法律法规规定必须有的内容条款；约定条款是指法律法规中没有规定，由双方协商后认为有必要明确约定的条款。

（1）劳动合同的必备条款。《中华人民共和国劳动合同法》第十七条规定，劳动合同应当具备以下条款：①用人单位的名称、住所和法定代表人或者主要负责人；②劳动者的姓名、住址和居民身份证或者其他有效身份证件号码；③劳动合同期限；④工作内容和工作地点；⑤工作时间和休息休假；⑥

劳动报酬；⑦社会保险；⑧劳动保护、劳动条件和职业危害防护；⑨法律、法规规定应当纳入劳动合同的其他事项。

（2）劳动合同双方当事人通过协商订立的约定条款。用人单位与劳动者可以约定试用期、培训、保守秘密、补充保险和福利待遇等其他事项。经协商一致后约定的双方的权利和义务。但要注意，双方约定的条款不能违背法律、法规和有关规章的规定。

另需说明，如果劳动合同必备条款不全，不影响双方主要权利义务履行的，劳动合同也成立，劳动者合法权益应当受到保护。

> 金钱这种东西，只要能解决个人的生活就行，若是过多了，它会成为遏制人类才能的祸害。
>
> ——诺贝尔

51. 国家对试用期有什么规定？

　　用人单位与进城务工人员签订劳动合同，双方可以在劳动合同中约定试用期。根据《中华人民共和国劳动合同法》，对试用期有如下规定：

　　（1）劳动合同期限在 3 个月以上不满 1 年的，试用期不得超过 1 个月；劳动合同期限 1 年以上不满 3 年的，试用期不得超过 2 个月；3 年以上固定期限和无固定期限的劳动合同，试用期不得超过 6 个月。

　　（2）试用期包含在劳动合同期限内。劳动合同仅约定试用期的，试用期不成立，该期限为劳动合同期限。

　　（3）同一用人单位与同一劳动者只能约定一次试用期。

　　（4）以完成一定工作任务为期限的劳动合同或者劳动合同期限不满 3 个月的，不得约定试用期。

　　（5）非全日制用工双方当事人不得约定试用期。

　　君子忧道不忧贫。

——孔丘

52. 企业违法分包工程的，由谁承担用工主体责任？

根据原劳动和社会保障部（现更名为"人力资源和社会保障部"）《关于确立劳动关系有关事项的通知》（劳社部发〔2005〕12号）规定，建筑施工、矿山企业等用人单位将工程（业务）或经营权发包给不具备用工主体资格的组织或自然人，对该组织或自然人招用的劳动者，由具备用工主体资格的发包方承担用工主体责任。

生活有百分之十在于你如何塑造它，有百分之九十在于你如何对待它。
——柏林

53. 非法用工主体招用的劳动者是否也依法享有劳动保障权益?

即使劳动者是在非法用工主体工作，也仍然享有劳动保障法律法规所规定的权利。非法用工主体违反劳动保障法律法规，侵害劳动者合法权益的，劳动保障行政部门应追究该用人单位的法律责任；对用人单位违反其他法律法规的行为，劳动保障行政部门或者劳动者应提请有关部门追究其法律责任。

作为一个人，对父母要尊敬，对子女要慈爱，对穷亲戚要慷慨，对一切人要有礼貌。

——罗素

54. 与用人单位存在事实劳动关系的劳动者是否也依法享有劳动保障？

事实劳动关系是指用人单位与劳动者之间既无劳动合同或者说没有有效的劳动合同，又存在着劳动关系的一种状态。它是一种不规范的劳动关系。在我国，隐性就业是其集中表现形式。产生事实劳动关系的原因一般包括：用人单位与劳动者确立劳动关系时，未按国家有关规定签订劳动合同；当事人履行无效劳动合同；合同期满后当事人既没有续订合同，又没有终止合同。我国现在基本上对事实劳动关系予以法律上的保护，同时积极引导、督促，甚至强制性地规范当事人建立正常的劳动关系。

事实劳动关系的双方当事人均享有劳动保障法律法规所规定的一切权利，并应履行劳动保障法律法规所规定的一切义务。存在事实劳动关系的劳动者在权益受到用人单位侵害时，可以通过劳动保障监察、劳动争议仲裁、向人民法院提起诉讼等途径，依法维护自身合法权益。

55. 国家对非法用工单位的职工工伤待遇是怎样规定的?

根据《工伤保险条例》和《非法用工单位伤亡人员一次性赔偿办法》（劳动和社会保障部令 19 号）的规定，无营业执照或者未经依法登记、备案的单位以及被依法吊销营业执照或者撤销登记、备案的单位的职工受到事故伤害或者患职业病的，由该单位向伤残职工或者死亡职工的直系亲属给予一次性赔偿；用人单位不得使用童工，用人单位使用童工造成童工伤残、死亡的，由该用人单位向童工或者童工的直系亲属给予一次性赔偿。

得道者多助，失道者寡助。
　　　　　　——《孟子》

56. 国家对女职工的劳动权利保护有哪些规定？

女性进城务工人员除享有一般的劳动安全保护以外，还依法享有一些特殊的劳动保护权利。《中华人民共和国劳动法》和2012年4月28日发布的《女职工劳动保护特别规定》等法律规定，女职工禁忌从事的劳动范围包括：①矿山井下作业；②体力劳动强度分级标准中规定的第四级体力劳动强度的作业；③每小时负重6次以上、每次负重超过20千克的作业，或者间断负重、每次负重超过25千克的作业。同时，对女工的"四期"保护也做了相应的规定。

（1）月经期。女职工在经期禁忌从事的劳动范围包括：①冷水作业分级标准中规定的第二级、第三级、第四级冷水作业；②低温作业分级标准中规定的第二级、第三级、第四级低温作业；③体力劳动强度分级标准中规定的第三级、第四级体力劳动强度的作业；④高处作业分级标准中规定的第三级、第四级高处作业。

（2）怀孕期。女职工在孕期禁忌从事的劳动范围包括：①作业场所空气中铅及其化合物、汞及其化合物、苯、镉、铍、砷、氰化物、氮氧化物、一氧化碳、二硫化碳、氯、己内酰胺、氯丁二烯、氯乙烯、环氧乙烷、苯胺、甲醛等有毒物质浓度超过国家职业卫生标准的作业；②从事抗癌药物、己烯雌酚生产，接触麻醉剂气体等的作业；③非密封源放射性物质的操作，核事故与放射事故的应急处置；④高处作业分级标准中规定的高处作业；⑤冷水作业分级标准中规定的冷水作业；⑥低温作业分级标准中规定的低温作业；⑦高温作业分级标准中规定的第三级、第四级的作业；⑧噪声作业分级标准中规定的第三级、第四级的作业；⑨体力劳动强度分级标准中规定的第三级、第四级体力劳动强度的作业；⑩在密闭空间、高压室作业或者潜水作业，伴有强烈振动的作业，或者需要频繁弯腰、攀高、下蹲的作业。女职工在孕期不能适应原劳动的，用人单位应根据医疗机构的证明，予以减轻劳动量或者安排其他能够适应的劳动。对怀孕 7 个月以上的女职工，用人单位不得延长劳动时间或者安排夜班劳动，并应当在劳动时间内安排一定的休息时间。怀孕女职工在劳动时间内进行产前检查，所需时间计入劳动时间。

（3）产期。女职工生育享受 98 天产假。其中，产前可以休假 15 天。难产的，应增加产假 15 天；生育多胞胎的，每多生育 1 个婴儿，可增加产假 15 天。女职工怀孕未满 4 个月流产的，享受 15 天产假；怀孕满 4 个月流产的，享受 42 天产假。女职工产假期间的生育津贴，对已经参加生育保险的，按照用人单位上年度职工月平均工资的标准由生育保险基金支付；对未参加生育保险的，按照女职工产假前工资的标准由用人单位支付。女职工生育或者流产的医疗费用，按照生育保险规定的项目和标准，对已经参加生育保险的，由生育保险基金支付；对未参加生育保险的，由用人单位支付。

（4）哺乳期。女职工在哺乳期禁忌从事的劳动范围包括：①作业场所空气中铅及其化合物、汞及其化合物、苯、镉、铍、砷、氰化物、氮氧化物、一氧化碳、二硫化碳、氯、己内酰胺、氯丁二烯、氯乙烯、环氧乙烷、苯胺、甲醛等有毒物质浓度超过国家职业卫生标准的作业；②非密封源放射性物质的操作，核事故与放射事故的应急处置；②体力劳动强度分级标准中规定的第三级、第四级体力劳动强度的作业；④作业场所空气中锰、氟、溴、甲醇、有机磷化合物、有机氯化合物等有毒物质浓度超过国家职业卫生标准的作业。对哺乳未满 1 周岁婴儿的女职工，用人单位不得延长劳动时间或者安排夜班劳动。用人单位应当在每天的劳动时间内为哺乳期女职工安排 1 小时哺乳时间；女职工生育多胞胎的，每多哺乳 1 个婴儿每天增加 1 小时哺乳时间。

（5）用人单位不得因女职工怀孕、生育、哺乳而降低其工资、予以辞退、与其解除劳动或者聘用合同。

57. 什么是未成年工？国家对未成年工的劳动权利保护有哪些规定？

凡年满 16 周岁而未满 18 周岁的进城务工人员为未成年工。国家对未成年工实行特殊劳动保护。原劳动部于 1994 年 12 月 9 日发布了《未成年工特殊保护规定》，该规定于 1995 年 1 月 1 日起施行。

根据《中华人民共和国劳动法》的规定，禁止用人单位招用未满 16 周岁的未成年人。文艺、体育和特种工艺单位招用未满 16 周岁的未成年人，必须依照国家有关规定，履行审批手续，并保障其接受义务教育的权利。不得安排未成年工从事矿山井下、有毒有害、国家规定的第四级体力劳动强度的劳动和其他禁忌从事的劳动。用人单位应当对未成年工定期进行健康检查。

根据《未成年工特殊保护规定》第三条，用人单位不得安排未成年工从事以下范围的劳动：

（1）《生产性粉尘作业危害程度分级》国家标准中第一级以上的接尘作业。

（2）《有毒作业分级》国家标准中第一级以上的有毒作业。

（3）《高处作业分级》国家标准

中第二级以上的高处作业。

（4）《冷水作业分级》国家标准中第二级以上的冷水作业。

（5）《高温作业分级》国家标准中第三级以上的高温作业。

（6）《低温作业分级》国家标准中第三级以上的低温作业。

（7）《体力劳动强度分级》国家标准中第四级体力劳动强度的作业。

（8）矿山井下及矿山地面采石作业。

（9）森林业中的伐木、流放及守林作业。

（10）工作场所接触放射性物质的作业。

（11）有易燃易爆、化学性烧伤和热烧伤等危险性大的作业。

（12）地质勘探和资源勘探的野外作业。

（13）潜水、涵洞、涵道作业和海拔三千米以上的高原作业（不包括世居高原者）。

（14）连续负重每小时在六次以上并每次超过 20 千克，间断负重每次超过 25 千克的作业。

（15）使用凿岩机、捣固机、气镐、气铲、铆钉机、电锤的作业。

（16）工作中需要长时间保持低头、弯腰、上举、下蹲等强迫体位和动作频率每分钟大于五十次的流水线作业。

（17）锅炉司炉。

根据《未成年工特殊保护规定》第四条，未成年工患有某种疾病或具有某些生理缺陷（非残疾型）时，用人单位不得安排其从事以下范围的劳动：①《高处作业分级》国家标准中第一级以上的高处作业；②《低温作业分级》国家标准中第二级以上的低温作业；③《高温作业分级》国家标准中第二级以上的高温作业；④《体力劳动强度分级》国家标准中第三级以上体力劳动强度的作业；⑤接触铅、苯、汞、甲醛、二硫化碳等易引起过敏反应的作业。

根据《未成年工特殊保护规定》第六条、第七条和第八条，用人单位应按下列要求对未成年工定期进行健康检查：①安排工作岗位之前；②工作满 1 年；③年满 18 周岁，距前一次的体检时间已超过半年。用人单位应根据未成年工的健康检查结果安排其从事适合的劳动，对不能胜任原劳动岗位的，应根据医务部门的证明，予以减轻劳动量或安排其他劳动。

根据《未成年工特殊保护规定》第九条，对未成年工的使用和特殊保护实行登记制度。用人单位招收使用未成年工，除符合一般用工要求外，还须向所在地的县级以上劳动行政部门办理登记。劳动行政部门根据《未成年工健康检查表》、《未成年工登记表》，核发《未成年工登记证》。未成年工须持《未成年工登记证》上岗。

根据《未成年工特殊保护规定》第十条，未成年工上岗前用人单位应对其进行有关的职业安全卫生教育、培训；未成年工体检和登记，由用人单位统一办理和承担费用。

根据《未成年工特殊保护规定》第十一条，县级以上劳动行政部门对用人单位执行本规定的情况进行监督检查，对违反本规定的行为依照有关法规进行处罚。各级工会组织对本规定的执行情况进行监督。

58. 劳动者为维护自身合法权益，在平时的工作中要注意保管的有关证据有哪些？

劳动者通过劳动保障监察、劳动争议仲裁、行政复议等法律途径维护自身合法权益，或者申请工伤认定、职业病诊断与鉴定等，都需要提供证明自己主张或案件事实的证据。如果劳动者不能提供有关证据，可能会影响自身权益的维护。因此，劳动者在平时的工作中，应该注意保留有关证据。主要包括：

（1）来源于用人单位的证据，如与用人单位签订的劳动合同或者与用人单位存在事实劳动关系的证明材料、工资单、收取押金等的收条、用人单位解除或终止劳动关系通知书、出勤记录等。

（2）来源于其他主体的证据，如职业中介机构的收费单据。

（3）来源于有关社会机构的证据，如发生工伤或职业病后的医疗诊断证明或者职业病诊断证明书、职业病诊断鉴定书、向劳动保障行政部门寄出举报材料等的邮局回执。

（4）来源于劳动保障部门的证据，如劳动保障部门告知投诉受理结果或查处结果的通知书等。

另外，《工伤保险条例》第十九

条规定，职工或其直系亲属认为是工伤，用人单位不认为是工伤的，由用人单位承担举证责任。《最高人民法院关于审理劳动争议案件适用法律若干问题的解释（一）》（法释〔2001〕14 号）第十三条规定，因用人单位做出的开除、除名、辞退、解除劳动合同、减少劳动报酬、计算劳动者工作年限等决定而发生的劳动争议，由用人单位负举证责任。

良心是由人的知识和全部生活方式来决定的。

——马克思

59. 劳动合同在什么情况下可以终止？

劳动合同终止，是指由劳动合同确定的权利义务关系的消亡，即劳动法律关系的结束。

根据《中华人民共和国劳动法》第二十三条的规定，劳动合同期满或者当事人约定的劳动合同终止条件出现，劳动合同即行终止。这种终止属于自然终止。如果在劳动合同履行期间，劳动合同一方当事人消亡，如劳动者一方死亡或用人单位宣告破产等，劳动合同关系即行终止。另外，如果劳动争议仲裁机关裁决或人民法院判决终止劳动合同，由劳动合同确定的关系也告终止。这两种终止可以称为劳动合同的非自然终止。

劳动者与用人单位订立劳动合同时，在约定终止条件时要注意的一点是：一些用人单位在与劳动者签订劳动合同时，将《中华人民共和国劳动合同法》明确规定不能解除劳动合同的一些情形约定为劳动合同终止条件，这是不正确的。《中华人民共和国劳动合同法》第四十二条规定，劳动者有下列情形之一的，用人单位不得解除劳动合同：

（1）从事接触职业病危害作业的劳动者未进行离岗前职业健康检查，

或者疑似职业病病人在诊断或者医学观察期间的。

（2）在本单位患职业病或者因工负伤并被确认丧失或者部分丧失劳动能力的。

（3）患病或者非因工负伤，在规定的医疗期内的。

（4）女职工在孕期、产期、哺乳期的。

（5）在本单位连续工作满 15 年，且距法定退休年龄不足 5 年的。

（6）法律、行政法规规定的其他情形。

《中华人民共和国劳动法》第二十三条规定的劳动合同终止条件是一般性规定，在法律效力上属于特殊规定，而《中华人民共和国劳动合同法》第四十二条规定的内容属于特殊规定。所以，在劳动合同终止条件中不能将这些特殊规定约定进去。同时，即使上述特殊规定的内容没有约定为劳动合同终止条件，但如果这些条件出现时，也要考虑到是否满足特殊规定。例如，当劳动合同终止条件出现时，如果劳动者在医疗期或者女职工在孕期、产期、哺乳期的，不得终止劳动合同；只有当劳动者医疗期、孕期、产期、哺乳期届满，才能终止劳动合同。

做个穿着整齐的人是一种职业；追求穿着的人将一事无成。

——布罗恩

60. 在什么情况下，即使劳动合同期满，用人单位也不得终止劳动合同？

为了维护劳动者在一些特殊情况下的权益，根据国家相关法律法规规定，凡符合下列条件之一的，即使劳动合同期满，用人单位也不得终止劳动合同：

（1）劳动合同期满时，从事接触职业病危害作业的劳动者未进行离岗前职业健康检查，或者疑似职业病病人在诊断或者医学观察期间的。根据《中华人民共和国劳动合同法》第四十五条的规定，在这种情形下，即便劳动合同期满，用人单位也不能终止劳动合同，劳动合同应当续延至相应的情形消失时终止。

《职业病防治法》第三十五条也明确规定，对从事接触职业病危害的作业的劳动者，用人单位应当按照国务院安全生产监督管理部门、卫生行政部门的规定组织上岗前、在岗期间和离岗时的职业健康检查，并将检查结果书面告知劳动者。职业健康检查费用由用人单位承担。对未进行离岗前职业健康检查的劳动者，不得解除或者终止与其订立的劳动合同。

（2）劳动合同期满时，疑似职业病病人在诊断或者医学观察期间的。根据《中华人民共和国劳动合同法》

第四十五条的规定，在这种情形下，即便劳动合同期满，用人单位也不能终止劳动合同，劳动合同应当续延至相应的情形消失时终止。

《职业病防治法》第五十五条也明确规定，用人单位应当及时安排对疑似职业病病人进行诊断；在疑似职业病病人诊断或者医学观察期间，不得解除或者终止与其订立的劳动合同。疑似职业病病人在诊断、医学观察期间的费用，由用人单位承担。

（3）劳动合同期满时，在本单位患职业病或者因工负伤并被确认丧失或者部分丧失劳动能力的。根据《中华人民共和国劳动合同法》第四十五条的规定，在这种情形下，应按照国家有关工伤保险的规定执行，是否能终止劳动合同，需要视伤残等级区别对待。

根据《工伤保险条例》第三十五条的规定，如果职工因工致残，被鉴定为一级至四级伤残的，保留劳动关系，退出工作岗位，这时候企业不能因劳动合同期满而与其终止劳动关系。

根据《工伤保险条例》第三十六条的规定，如果职工因工致残被鉴定为五级、六级伤残的，保留与用人单位的劳动关系，由用人单位安排适当工作；难以安排工作的，由用人单位按月发给伤残津贴；经工伤职工本人提出，该职工可以与用人单位解除或者终止劳动关系，由工伤保险基金支付一次性工伤医疗补助金，由用人单位支付一次性伤残就业补助金。

根据《工伤保险条例》第三十六条的规定，如果职工因工致残被鉴定为七级至十级伤残的，劳动合同期满时即可终止，由工伤保险基金支付一次性工伤医疗补助金，由用人单位支付一次性伤残就业补助金。

（4）劳动合同期满时，劳动者患病或者非因工负伤，在规定的医疗期内的，或者女职工在孕期、产期、哺乳期的。在这种情况下，劳动合同应延续至劳动者医疗期、孕期、产期和哺乳期期满时终止。用人单位应当继续向劳动者提供医疗待遇和生育待遇。需要指出的是，在上述条件下，劳动者不得同时具有《中华人民共和国劳动法》第二十五条规定的任何一种情形，即：①严重违反劳动纪律或者用人单位规章制度的；②严重失职，营私舞弊，对用人单位利益造成重大损害的；③被依法追究刑事责任的。否则，用人单位可以依据该条规定解除劳动合同。

（5）劳动合同期满时，劳动者在本单位连续工作满15年，且距法定退休年龄不足5年的。根据《中华人民共和国劳动合同法》第四十五条的规定，在这种情形下，用人单位不能终止劳动关系，必须续订无固定期限劳动合同。

（6）劳动合同期满时，劳动者已在该用人单位连续工作满10年，且劳动者提出签订无固定期限劳动合同的。根据《中华人民共和国劳动合同法》第四十五条的规定，在这种情形下，用人单位不能终止劳动关系，必须续订无固定期限劳动合同。

（7）用人单位初次实行劳动合同制度，或者国有企业改制重新订立劳动合同时，劳动者已在该用人单位连续工作满10年且距法定退休年龄不足10年，且劳动者提出签订无固定期限劳动合同的。这是针对国企老职工的特别保护性规定。用人单位不能终止劳动关系，必须续订无固定期限劳动合同。

（8）劳动者已连续订立两次固定期限劳动合同，且劳动者没有《中华人民共和国劳动合同法》第三十九条和第四十条第一项、第二项规定的情形，且劳动者提出签订无固定期限劳动合同的。根据《中华人民共和国劳动合同法》第十四条的规定，在这种情况下，劳动者提出签订无固定期限劳动合同，用人单位必须签订无固定期限劳动合同。

（9）基层工会专职主席、副主席或者委员自任职之日起，其劳动合同期限自动延长，延长期限相当于其任职期间；非专职主席、副主席或者委员自任职之日起，其尚未履行的劳动合同期限短于任期的，劳动合同期限自动延长至任期期满。

（10）职工协商代表在任期内，劳动合同期满的。《关于进一步推行平等协商和集体合同制度的通知》（劳社部发〔2001〕17号）规定，职工协商代表在任期内，劳动合同期满的，企业原则上应当与其续签劳动合同至任期届满。职工代表的任期与当期集体合同的期限相同。

有些东西你想要而没有，这是幸福不可缺少的一部分。
——罗素

61. 用人单位在什么情况下可以解除劳动合同?

用人单位在下列情况下可以解除劳动合同:

(1)《中华人民共和国劳动合同法》第三十九条规定,劳动者有下列情形之一的,用人单位可以解除劳动合同:①在试用期间被证明不符合录用条件的;②严重违反用人单位的规章制度的;③严重失职,营私舞弊,给用人单位造成重大损害的;④劳动者同时与其他用人单位建立劳动关系,对完成本单位的工作任务造成严重影响,或者经用人单位提出,拒不改正的;⑤因以欺诈、胁迫的手段或者乘人之危,使对方在违背真实意思的情况下订立或者变更劳动合同,致使劳动合同无效的;⑥被依法追究刑事责任的。

(2)《中华人民共和国劳动合同法》第四十条规定,有下列情形之一的,用人单位提前 30 日以书面形式通知劳动者本人或者额外支付劳动者一个月工资后,可以解除劳动合同:①劳动者患病或者非因工负伤,在规定的医疗期满后不能从事原工作,也不能从事由用人单位另行安排的工作的;②劳动者不能胜任工作，经过培训或者调整工作岗位，仍不能胜任工作的；③劳动合同订立时所依据的客观情况发生重大变化，致使劳动合同无法履行，经用人单位与劳动者协商，未能就变更劳动合同内容达成协议的。

（3）《中华人民共和国劳动合同法》第四十一条规定，有下列情形之一，需要裁减人员20人以上或者裁减不足20人但占企业职工总数10％以上的，用人单位提前30日向工会或者全体职工说明情况，听取工会或者职工的意见后，裁减人员方案经向劳动行政部门报告，可以裁减人员：①依照企业破产法规定进行重整的；②生产经营发生严重困难的；③企业转产、重大技术革新或者经营方式调整，经变更劳动合同后，仍需裁减人员的；④其他因劳动合同订立时所依据的客观经济情况发生重大变化，致使劳动合同无法履行的。

62. 务工者解除合同时需要注意哪些问题？

　　劳动合同的解除包括法定解除、协商解除和约定解除。务工者可以通过这 3 种方式解除劳动合同，但在实际操作中应当注意不同解除方式的条件和程序，避免因此引发劳动争议。

　　（1）法定解除。法定解除是指在履行合同过程中出现法定解除合同情形，当事人有权解除合同。劳动者可以依法解除合同的情形主要有以下几种：

　　a. 辞职权。《中华人民共和国劳动合同法》第三十七条规定：劳动者提前 30 日以书面形式通知用人单位，可以解除劳动合同。劳动者在试用期内提前 3 日通知用人单位，可以解除劳动合同。劳动部办公厅《关于劳动者解除劳动合同有关问题的复函》（劳办发〔1995〕324 号）规定："劳动者提前 30 日以书面形式通知用人单位，既是解除劳动合同的程序，也是解除劳动合同的条件。劳动者提前 30 日以书面形式通知用人单位，解除劳动合同，无需征得用人单位的同意。超过 30 日，劳动者向用人单位提出办理解除劳动合同的手续，用人单位应予以办理。"这是我国法律赋予劳动者自主

选择职业的权利，是劳动者的一项基本权利，通常称之为"辞职权"。劳动者行使辞职权时，只要提前 30 天书面通知即可单方解除劳动合同，无需经过用人单位同意。30 天期满，劳动合同正式解除。

劳动者行使辞职权时应当注意两点：①如果劳动合同约定了违约金，或用人单位支付了培训费等，劳动者解除劳动合同应当按约定承担赔偿责任；②提前通知的日期要符合法律规定，否则用人单位可不同意解除劳动合同。

b. 特别解除权。《中华人民共和国劳动合同法》第三十八条规定，用人单位有下列情形之一的，劳动者可以解除劳动合同：①未按照劳动合同约定提供劳动保护或者劳动条件的；②未及时足额支付劳动报酬的；③未依法为劳动者缴纳社会保险费的；④用人单位的规章制度违反法律、法规的规定，损害劳动者权益的；⑤因以欺诈、胁迫的手段或者乘人之危，使对方在违背真实意思的情况下订立或者变更劳动合同，致使劳动合同无效的；⑥法律、行政法规规定劳动者可以解除劳动合同的其他情形。另外，用人单位以暴力、威胁或者非法限制人身自由的手段强迫劳动者劳动的，或者用人单位违章指挥、强令冒险作业危及劳动者人身安全的，劳动者可以立即解除劳动合同，不需事先告知用人单位。

《最高人民法院关于审理劳动争议案件适用法律若干问题的解释（一）》（法律〔2001〕14 号）第十五条规定，用人单位有下列情形之一，迫使劳动者提出解除劳动合同的，用人单位应当支付劳动者的劳动报酬和经济补偿，并可支付赔偿金：①以暴力、威胁或者非法限制人身自由的手段强迫劳动的；②未按照劳动合同约定支付劳动报酬或者提供劳动条件的；③克扣或者无故拖欠劳动者工资的；④拒不支付劳动者延长工作时间工资报酬的；⑤低于当地最低工资标准支付劳动者工资的。以上是法律规定的劳动者特别解除权，劳动者可以无条件随时解除劳动合同，没有提前 30 天书面通知的限制。除了试用期内解除劳动合同以外，其他几种情况下劳动者解除合同后，还有权要求用人单位支付经济补偿金。

劳动者行使特别解除权时应当注意两点：①法律虽然没有明确劳动者在此情况下要书面通知用人单位，但为了避免对劳动者是否有提出解除发生争议，最好还是像行使辞职权一样，采用书面通知的形式；②试用期内解除合同需要做好工作交接，避免因没有交接造成损失，需要承担相应责任。

c. 不可抗力解除权。《中华人民共和国劳动合同法》没有提到不可抗力解除权，但《中华人民共和国合同法》对不可抗力解除劳动合同却有明确规定。所谓因不可抗力解除合同，是指因不能遇见、不能避免、不能克服的自然灾害或客观事件，例如水灾、火灾、地震、火山爆发、水灾等自然事件，或战争、罢工等社会事件以及法律、政令的变化等，导致合同继续履行已不可能而解除。不可抗力也是劳动者解除合同的法定条件之一。

劳动者行使不可抗力解除权时应当注意：并非一旦出现不可抗力均可解除劳动合同，只有在不可抗力已影响到劳动合同目的的实现时，才能导致合同的解除。

(2) 约定解除。约定解除是指在合同中约定解除合同的事项，待约定的事由出现时，当事人有权解除合同。《中华人民共和国合同法》第九十三条规定，当事人可以约定一方解除合同的条件，解除合同的条件成就时，解除权人可以解除合同。在发生了劳动合同约定的解除合同的条件以后，享有解除权一方的劳动者做出解除合同的意思表示后，劳动合同的权利义务即告终止，无须获得用人单位同意。

劳动者行使约定解除权时应当注意：必须事先在劳动合同中约定解除合同的条件，并且只有当解除合同的条件成就以后，劳动者才能依照约定解除。

(3) 协商解除。协商解除是指劳动合同履行过程中，当事人经协商一致同意解除合同。《中华人民共和国劳动合同法》第三十六条规定，用人单位与劳动者协商一致，可以解除劳动合同。《中华人民共和国合同法》第九十三条规定，当事人协商一致，可以解除合同。协商解除与约定解除、法定解除不同，它不需要双方事先的约定或者法律的规定，只要双方愿意随时都可以解除合同，这也是实践中常用的解除劳动合同方法。

劳动者在协商解除时应当注意：必须将双方协商解除合同的权利责任明确，最好以书面的形式固定下来，避免解除劳动合同后的一些纠纷。

使自己保持活力的是冲突而不是绝对的一致。在一个自由的国家里总会有各种相冲突的思想，而这正是力量的源泉。

——杰弗逊

63. 什么是无效劳动合同？由于用人单位的原因订立无效劳动合同造成损害该怎么办？

无效劳动合同是指不具有法律效力的合同。在以下几种情况下，所订立的劳动合同属无效合同：

（1）主体资格不合法。劳动合同是用人单位和劳动者订立的，双方都是劳动合同的主体。什么是主体资格不合法呢？例如，我国法律是禁止使用童工的，因此，未满16周岁的务工人员就不具备签订劳动合同的合法主体资格。

（2）劳动合同的内容违反法律或者行政法规的规定。例如，约定不提供社会保险，工作中受伤概不负责等。

（3）用人单位采取欺诈、胁迫的手段订立的劳动合同。例如，用人单位以虚假的高薪欺诈务工人员，或者威胁务工人员"如果不干，就找人伤害你"等。

《中华人民共和国劳动合同法》第二十六条规定，下列劳动合同无效或者部分无效：①以欺诈、胁迫的手段或者乘人之危，使对方在违背真实意思的情况下订立或者变更劳动合同的；②用人单位免除自己的法定责任、排除劳动者权利的；③违反法律、行政法规强制性规定的。对劳动合同的无效或者部分无效有争议的，由劳动争议仲裁机构或者人民法院确认。

如果由于用人单位的原因订立无效劳动合同，给务工人员造成损害的，用人单位应依照法律规定和劳动合同的约定予以赔偿。

64. 务工者违反《中华人民共和国劳动合同法》规定的条件，单方面解除劳动合同应承担哪些责任？

《中华人民共和国劳动合同法》规定，务工者解除劳动合同应当提前 30 日以书面形式通知用人单位。同时规定，进城务工人员违反《中华人民共和国劳动合同法》规定的条件解除劳动合同，或者违反劳动合同中约定的保密义务或者竞业限制，对用人单位造成经济损失的，应当依法承担赔偿责任。

如果进城务工人员违反了劳动合同的约定，给用人单位造成经济损失者，还应对以下损失进行赔偿：

（1）用人单位招收录用时所支付的费用。

（2）用人单位为进城务工人员支付的培训费用。

（3）对用人单位的生产、经营和工作造成的直接经济损失。

（4）劳动合同明确约定的其他赔偿费用。

65. 用人单位违反劳动合同应承担哪些责任？

根据《中华人民共和国劳动合同法》的规定，如果用人单位违反劳动合同或有关规定，应对给进城务工人员造成的损失进行赔偿。

（1）用人单位直接涉及劳动者切身利益的规章制度违反法律、法规规定的，由劳动行政部门责令改正，给予警告；给劳动者造成损害的，应当承担赔偿责任。

（2）用人单位提供的劳动合同文本未载明本法规定的劳动合同必备条款或者用人单位未将劳动合同文本交付劳动者的，由劳动行政部门责令改正；给劳动者造成损害的，应当承担赔偿责任。

（3）用人单位自用工之日起超过一个月不满一年未与劳动者订立书面劳动合同的，应当向劳动者每月支付 2 倍的工资。用人单位违反本法规定不与劳动者订立无固定期限劳动合同的，自应当订立无固定期限劳动合同之日起向劳动者每月支付 2 倍的工资。

（4）用人单位违反《中华人民共和国劳动合同法》规定与劳动者约定试用期的，由劳动行政部门责令改正；违法约定的试用期已经履行的，由用人单位以劳动者试用期满月工资为标准，按已经履行的超过法定试用期的期间向劳动者支付赔偿金。

（5）用人单位违反《中华人民共和国劳动合同法》规定，扣押劳动者居民身份证等证件的，由劳动行政部门责令限期退还劳动者本人，并依照有关法律规定给予处罚。用人单位违反《中华人民共和国劳动合同法》规定，以担保或者其他名义向劳动者收取财物的，由劳动行政部门责令限期退还劳动者本人，并以每人500元以上、2 000元以下的标准处以罚款；给劳动者造成损害的，应当承担赔偿责任。劳动者依法解除或者终止劳动合同，用人单位扣押劳动者档案或者其他物品的，由劳动行政部门责令限期退还劳动者本人，并依照有关法律规定给予处罚。

（6）用人单位有下列情形之一的，由劳动行政部门责令限期支付劳动报酬、加班费或者经济补偿；劳动报酬低于当地最低工资标准的，应当支付其差额部分；逾期不支付的，责令用人单位按应付金额50%以上、100%以下的标准向劳动者加付赔偿金：①未按照劳动合同的约定或者国家规定及时足额支付劳动者劳动报酬的；②低于当地最低工资标准支付劳动者工资的；③安排加班不支付加班费的；④解除或者终止劳动合同，未依照本法规定向劳动者支付经济补偿的。

（7）劳动合同依照《中华人民共和国劳动合同法》规定被确认无效，给对方造成损害的，有过错的一方应当承担赔偿责任。

（8）用人单位违反《中华人民共和国劳动合同法》规定解除或者终止劳动合同的，应当依照下列经济补偿标准的2倍向劳动者支付赔偿金：①经济补偿按劳动者在本单位工作的年限，每满1年支付1个月工资的标准向劳动者支付；6个月以上不满1年的，按1年计算；不满6个月的，向劳动者支付半个月工资的经济补偿。②劳动者月工资高于用人单位所在直辖市、设区的市级人民政府公布的本地区上年度职工月平均工资3倍的，向其支付经济补偿的标准按职工月平均工资3倍的数额支付，向其支付经济补偿的年限最高不超过12年。此处所称月工资是指劳动者在劳动合同解除或者终止前 12 个月的平均工资。

（9）用人单位有下列情形之一的，依法给予行政处罚；构成犯罪的，依法追究刑事责任；给劳动者造成损害的，应当承担赔偿责任：①以暴力、威胁或者非法限制人身自由的手段强迫劳动的；②违章指挥或者强令冒险作业危及劳动者人身安全的；②侮辱、体罚、殴打、非法搜查或者拘禁劳动者的；④劳动条件恶劣、环境污染严重，给劳动者身心健康造成严重损害的。

（10）用人单位违反《中华人民共和国劳动合同法》规定未向劳动者出具解除或者终止劳动合同的书面证明，由劳动行政部门责令改正；给劳动者造成损害的，应当承担赔偿责任。

（11）用人单位招用与其他用人单位尚未解除或者终止劳动合同的劳动者，给其他用人单位造成损失的，应当承担连带赔偿责任。

66. 什么是社会保险？为什么要参加社会保险？

根据《中华人民共和国社会保险法》的规定，我国的社会保障包括养老保险、医疗保险、工伤保险、失业保险和生育保险，这也就是我们通常所说的五大保险。在劳动者丧失或者暂时丧失劳动能力，中断劳动失去劳动报酬时，可以从国家和社会获得物质帮助。这种物质帮助包括现金给付和提供社会服务。

社会保险是依法强制实施的，用人单位和个人必须参加，劳动者个人和单位都必须按照规定的费率缴费。社会保险涉及每个单位和每个劳动者的利益。如果不通过法律强制实施，社会保险就不可能普遍实行，就不能保障所有因故不能获得劳动报酬的劳动者的基本生活，就不利于社会的安定和经济的发展。社会保险费用一般由国家、单位、个人三方负担，建立社会保险基金，使社会上参加了社会保险的劳动者在基本生活上得到切实的保障。俗话说天有不测风云，人有旦夕祸福。人的一生，生、老、病、死、伤在所难免，如果劳动者一旦在生产中丧失或者暂时丧失劳动能力，失去了生活来源，那么由于参加了社会

为什么要参加社会保险？得问爸爸去！

爸爸，什么是社会保险？

根据《中华人民共和国社会保险法》的规定，我国的社会保障包括养老保险、医疗保险、工伤保险、失业保险和生育保险，这也就是我们通常所说的五大保险。

在劳动者丧失或者暂时丧失劳动能力，中断劳动失去劳动报酬时，可以从国家和社会获得物质帮助。

太好了！

保险，就可以得到社会保险提供的物质帮助，解决仅靠个人和家庭难以解决的困难。因此，进城务工参加社会保险是必需的，也是必要的。

67. 什么是劳动争议仲裁？如何申请？

劳动争议，又叫做劳动纠纷，是劳动关系当事人之间因劳动权利和义务产生分歧而引起的争议。劳动争议只能发生存在着劳动关系的用人单位和初录用者之间，没有劳动关系的存在，劳动争议就不可能发生。

根据《中华人民共和国劳动争议调解仲裁法》，发生下列劳动争议，可以向有管辖权的劳动争议仲裁委员会申请仲裁。

（1）因确认劳动关系发生的争议。

（2）因订立、履行、变更、解除和终止劳动合同发生的争议。

（3）因除名、辞退和辞职、离职发生的争议。

（4）因工作时间、休息休假、社会保险、福利、培训以及劳动保护发生的争议。

（5）因劳动报酬、工伤医疗费、经济补偿或者赔偿金等发生的争议。

（6）法律、法规规定的其他劳动争议。

68. 因劳动合同产生纠纷，如何提起行政复议或行政诉讼？

当进城务工人员认为劳动保障行政部门或具有劳动保障行政职能的组织（如社会保险经办机构）做出的具体行政行为侵害了合法权益时，可以依法提出行政复议或行政诉讼。

根据《中华人民共和国行政复议法》，原劳动和社会保障部制定了《劳动和社会保障行政复议办法》，并于 1999 年 11 月 23 日发布施行。根据该办法规定，申请人对劳动保障行政部门做出的下列具体行政行为不服，可以申请行政复议：

（1）对劳动保障行政部门做出的警告、罚款、没收违法所得、没收非法财物、责令停产停业、吊销许可证等行政处罚决定不服的。

（2）认为符合法定条件，申请劳动保障行政部门办理许可证、资格证等行政许可手续，劳动保障行政部门拒绝办理或者在法定期限内没有依法办理的。

（3）对劳动保障行政部门做出的有关许可证、资格证等变更、中止、取消的决定不服的。

（4）认为符合法定条件，申请

劳动保障行政部门审批、审核、登记有关事项，劳动保障行政部门没有依法办理的。

（5）认为劳动保障行政部门侵犯合法的用人自主权、工资分配权等经营自主权的。

（6）申请劳动保障行政部门依法履行保护劳动者获取劳动报酬权、休息休假权、社会保险权等法定职责，劳动保障行政部门没有依法履行的。

（7）认为劳动保障行政部门违法收费或者违法要求履行义务的。

（8）对劳动保障行政部门认定工伤的具体行政行为不服的。

（9）认为劳动保障行政部门做出的其他具体行政行为侵犯其合法权益的。

根据《中华人民共和国行政复议法》和《劳动和社会保障行政复议办法》的规定，申请行政复议的方法如下：①申请者应在从知道劳动保障行政部门做出具体行政行为之日起60日内提出行政复议申请；②申请行政复议，可以书面申请，也可以口头申请；③对劳动保障行政部门做出的具体行政行为不服的，既可以向其本级人民政府，也可以向上一级劳动保障行政部门申请行政复议；④社会保险经办机构在经办社会保险事务时，侵害了进城务工人员的合法权益，应向直接管理该经办机构的劳动保障行政部门申请行政复议。

在以下几种情形下，进城务工人员必须先提起行政复议，对复议决定不服的，才能提起行政诉讼：①对劳动保障行政部门所做行政处罚决定不服的；②对劳动保障行政部门所做工伤认定结论不服的；③对经办机构核定的工伤保险待遇有异议的。

不知道自尊的人绝不能尊重别人的尊严。

——席勒

69. 对用人单位的哪些行为可以举报？

对用人单位的以下行为可以向劳动保障监察部门举报：

（1）未依法订立劳动合同或非法解除所订立的劳动合同。

（2）非法招用职工，包括招用童工等。

（3）向进城务工人员收取风险抵押金等不合理费用。

（4）扣押进城务工人员的证件。

（5）无故克扣、拖欠工资或者所支付的工资低于当地最低工资标准。

（6）不遵守工作时间和休息休假的法律规定。

（7）违反女职工、未成年工特殊劳动保护规定和残疾人劳动权益保障规定。

（8）违反社会保险法律规定，未依法履行社会保险登记和申报义务。

（9）非法从事职业介绍和职业技能培训、鉴定。

（10）违反招用技术工种从业人员规定。

根据 2004 年 12 月 1 日起施行的《劳动保障监察条例》，劳动者对上述行为可以直接到劳动保障监

察机构举报，也可以采取电话举报、信函举报等形式，但要注意应酬尽可能提供与所举报的违法行为有关的事实和证据材料。凡符合规定的举报劳动保障监察机构在 7 日内立案受理。不符合规定受理范围的举报，劳动保障监察机构应当告知举报人向有处理权的部门反映。举报人有权要求告知举报的受理和查处结果。劳动保障监察机构和监察员有义务保护举报人，劳动保障监察机构有义务为举报人保密。

> 构成一个人生命特殊性的，并不是他对于本能的顺从，而是他对于本能的反抗。
>
> ——梭罗

第二篇

就业 发展

第二篇 就业 发展

70. 何谓素质？什么是职业素质？

素质是人们完成某类活动所必需的主观条件和内在依据。素质的内容包括思想品德素质、生理素质、心理素质、职业素质、科学文化素质和审美素质等。素质表现在日常生活中就是人们的态度、能力，以及德智体等方面的发展状况。它是人的一种较为稳定的属性，能对人的各种行为起到长期的、持续的影响甚至决定作用。

人的素质可能是多种多样的，可能是吝啬的、放肆的、怯懦的、鲁莽的、自我歧视的，也可能是慷慨的、思维清晰的、乐天派的，等等。由一个人的素质可以看出他的心灵和性格特点属于什么样的类型，是积极还是消极，也可以比较出理智和道德上的优劣。许许多多方面的素质决定了人们成为什么样的人。

职业素质是劳动者对社会职业了解与适应能力的一种综合体现，其主要表现在职业兴趣、职业能力、职业个性及职业情况等方面。影响和制约职业素质的因素很多，主要包括：受教育程度、实践经验、社会环境、工作经历以及自身的一些基本情况（如身体状况等）。一般说

来，劳动者能否顺利就业并取得成就，在很大程度上取决于本人的职业素质，职业素质越高的人，获得成功的机会就越多。

人的素质提高直接影响到国家的强盛。无论哪个国家，只有它的人民从心理、态度和行为上，都能与各种现代形式的经济发展同步，相互配合，这个国家的现代化才能真正得以实现。在整个国家向现代化发展的进程中，人是一个基本的因素。一个国家，只有当它的人民是现代人，从心理和行为上都转变为现代的人格，它的政治、经济和文化管理机构中的工作人员，都获得了与先进的现代制度的适应性，这样的国家才可真正称之为现代化的国家，国家才能持续强盛。

品德可能仅仅在于有勇气做出抉择。

——布鲁斯

71. 什么是职业道德？职业道德的基本要求是什么？

　　职业道德是指对从业者在工作中的心理意识、行为原则和行为规范进行约束的内在机制。职业道德强调品德高于方法，修养高于技巧，人的内在本质培养重于人的外在形象塑造。

　　职业道德的基本要求是：

　　——文明礼貌；

　　——爱岗敬业；

　　——诚实守信；

　　——办事公道；

　　——勤劳节俭；

　　——遵纪守法；

　　——团结互利；

　　——开拓创新。

72. 什么是职业生涯规划？如何把握天赋特质帮助确立自己的职业方向？

职业生涯设计从流程上一般分为自我与环境评估、确立职业目标（职业选择、职业生涯的策略）行动与反馈等四个步骤。

从图中可以看出，职业生涯规划是认识自我，了解环境，综合分析，锁定、实践和不断调整目标的过程，而自我评估、准确、全面认识自己的特质则是做好职业生涯规划的基础。

天赋特质诊断系统是美国南加州大学统计科学研究所与科罗拉多大学行为科学研究所于 1978 年共同研发的专利产品，是唯一荣获美国官方组织平等就业协会专业认可的专业测量与就业辅导产品。在长期观察及研究后，天赋特质诊断系统是全球应用时间最长、范围最广、最受认可的测量工具之一。目前已在全球 34 个国家被广泛运用，5 000 多家跨国企业指定其为科学的测量工具，使用版本及语言达 8 种，长期跟踪测量案例达 400 余万人，全球受测人数达 1 600 万多人。这样的研究成果，打破了不同国家和种族的意识或思维模式的差异，同样适合于东方人群。

天赋特质诊断系统以五种动物的行为最接近该特质做成分类及比喻，以便于记忆。这种独创思维，从不同程度、不同方面及相互组合方式，形象生动地表示了人的个性特质。

（1）支配型：称为老虎型，其特质性格是权威导向、重实质报酬、目标导向、坚持到底。

（2）表达型：称为孔雀型，其特质性格是统领心强、擅长言语、表达自我宣传、喜欢结交朋友。

（3）精确型：称为猫头鹰型，其特质性格是喜欢精确、重视专业性、循规蹈矩、力求品质。

（4）耐心型：称为无尾熊型，其特质性格是爱好和平、持之以恒、忍耐度佳、重人际关系。

（5）整合型：称为变色龙型，其特质性格是协调性佳、配合度高、团体的润滑剂、不自我预设立场。

职业生涯规划流程图

自我评估	实际检验	设置目标	实施行动
·我是谁 ·我想做什么 ·我看重什么 ·我会做什么	·上级/同事/周围的人对我的评价怎样 ·环境支持和允许我做什么	·我的职业生涯路线是什么，长期/短期目标是什么 ·我要采取什么行动	·积极行动 ·定期回顾和检验

尽管天赋特质诊断系统描述了人的五种特质，但并不表示只有五种人。它是一种量化的表示方法，又是从多方面（自信心、思考模式、能量风格和抗压能力）测量的，因此，即使同一特质的人也不完全一样。

不同特质的人适宜从事的职业是不同的。求职时，只有职业与特质吻合，才容易被对方录用，并且在工作上容易出绩效，有利于个人职业生涯的发展。例如，根据天赋特质诊断测试，你为表达型（孔雀型）特质，就最适合从事人际及营业性的工作。这种指导，对于职业生涯规划是有益的。

73. 市场经济中的人际关系有什么基本规则？如何合理运用人际关系以促进事业成功？

市场经济中的人际关系主要"修炼""先做人后做事"这一项。

客户、上级、专家、同事等等所有人都应该是自己的顾客。

啊！

怎么了？

那是什么？不会是上帝吧！

就像这UFO一样，顾客就是上帝？

在现实生活中，以"我"为圆心，每个人同时客观上存在着上、下、左、右四个维度的社会关系。

"上人"指被认为比自己能力、地位高的人，包括富人型（比自己更有钱的富人）、名誉型（比自己更有智慧或名誉的人，如社会名人、老师、智者等）、权力型（比自己更有权力的人，上下级关系、其他社会权力关系等）三类人。因为"上人"掌握更多的社会资源，多数人认为与"上人"交往最有价值，而人都有追求成功（钱、名、权）的欲望，一般认为通过"上人"可以得到资金的支持、得到智慧或精神享受、得到政策性的支持和职位的提升。

"下人"指被认为比自己能力、地位低的人，如仆人、学生、下属。每个人都有受到"下人"的尊重和爱戴的需求，都有对权力的渴望、精神需求。"下人"包括仆人型（唯命是从）、学生型（爱戴，追捧）、下属型（服从，尊重）三类人。通过与"下人"交往，人们可以获得权力、尊重、成功的喜悦等满足。

"左人"指亲人。人是感情动物，需要有亲情，得到家庭温暖、关爱，满足生殖和生理的要求，获得亲情的帮助、情感的抚慰。"左人"包括夫妻型（夫妻）、亲戚型（亲缘关系）、关爱型（体贴关系）三类人。

"右人"指朋友，指被认为社会资源或地位相当、兴趣相投、地域或社会环境相近、相互认同的所谓"朋友圈子"，代表着一个人所处的社会阶层。"右人"包括信息型（志趣爱好相投，平等的信息互换）、关联型（同学、同事、战友、邻里、老乡等关系）、认同型（相互认同，相互帮助）三类人。人都怕孤独，属于群居动物，需要得到同类的认可，需要获得安全感、获取信息、得到关照。

每一个"我"及其四维关系联结起来就构成了社会的人际关系网络。在这个网络中必然存在种种规则。举其要者，有以下几个方面：

（1）人是理性动物，具有对理性价值的需求、有意识的需求；人是感性动物，具有对感性价值的需求、无意识的需求。

（2）人际交往要靠价值驱动，因为人的理性认为在人际交往中不能做亏本生意，所以人们只追求与四类对他有价值的人交往。越能处理好对自己有利的四维关系的人，价值越大。因此，有人把生活当成"修炼"，也有人把人际交往作为"投资"，经营人生。

（3）人际交往的过程也是价值交换的过程，得到别人给予的价值，自己必须给予回报后才感觉满足。这就是俗话说"人情账"越欠越沉、越没"面子"的原因。

（4）同一个人在同一个环境遇上不同的人，有不同的人际关系定位。

（5）随着人成功感觉的上升或下降，每个人的人际关系定位将随之改变而重新定位。这就是常有人"一阔脸就变"的原因。

（6）努力追求向上的定位，这就是"人往高处走，水往低处流"的道理。

（7）缺乏任何一方面的关系，将使人感到孤独。帝王最孤独，因为帝王是所有人的"上人"，所有人都是他的仆人。而其"上人"即"上天"并不保证他永远平安，"水能载舟，亦能覆舟。"这是亘古不变的法则。

"先做人，后做事。"我们要自觉意识到，在日常工作中，客户、上级、专家、同事等所有人都应该是自己的顾客。

顾客是上帝，那么我们是什么？我们应该就是"下人"。上帝需要我们"下人"做什么呢？他喜欢什么样的"下人"呢？只有"心、形、言、行、神"五到，发自爱心和善意，从对方角度考虑，及时分享他们的快乐、分担他们的痛苦，与他们情感同步，使之信赖并获得安全感，这才是合格的"下人"，才能进入顾客的兴趣频道，获得来自"上人"资金的支持，得到智慧或精神享受，得到政策性的支持和职位的提升，促进事业的成功。

人应尊敬他自己，并应自视能配得上最高尚的东西。

——黑格尔

74. 如何通过工作使梦想变成财富？

追求财富的人应当得到充分鼓励！

这个变化的世界正不断要求我们提供新想法、新点子、新领袖、新发明、新的教学法，还有新的市场推广策略、新书、新文学、电视新节目、新气象、电影新内容等。那么我们就应该用新的、更好的事来支持这样的需要。这是我们通过工作使梦想变成财富的最佳路径。

为了成功，我们必须拥有的一项素质就是：明确的目的，知道自己想要什么；以及一个去赢得胜利的"燃烧的激情和欲望"。

所有渴望获得财富的人都应该记住，这个世界的真正领袖总是那些能够把握住看不见、摸不着的力量，预知尚未出现的机遇，并将它们灵活利用的人。他们能够将这些力量（或者思想上的冲动）转化为摩天大楼、城市、工厂、飞机、汽车，以及每项使生活变得更加愉快、方便、实用的东西。

在计划获得自己的财富时，千万不要让任何人影响你去嘲笑梦想家。要想在这个变化的世界里赢得巨大的筹码，我们必须牢牢抓住过去伟大先驱者的创业精神。正是他

们的梦想赋予文明所拥有的价值，正是这种精神成为国家的生命之血——通过你和我的机遇，发展、提升并彰显我们的智慧。

如果你要做的事是正确的，而且你也相信这么做是对的，那么就勇往直前，开始行动，让你的梦想横扫一切！放飞梦想，即使在你遇到暂时的失败，也别去管"别人"怎么说你，因为"他们"很有可能根本不知道每一次失败都会带来成功的种子。

我们常常听到别人说"攀爬成功之梯"这样的话，说得如此简单，以致这句话已经失去了自身的意义。我们知道，梯子只不过是工具罢了，除此之外，它什么也不是。我们只不过是利用这件工具来达到目的而已。同样，工作也不过是我们实现生命目标的一件工具而已。那么，让我们思考一下，梯子为什么会具有这种象征意义？

首先，梯子是竖直使用而非水平放置的，它只是用来助人往上爬。同时，我们只能一级一级地往上爬。正如人不能一步登天，而只能拾级而上一样，梯子仅仅是一件循序渐进的工具；每一条横木，都是登上更高一级横木的基础。如果我们试图跨过某根横木，可能灾祸便已近在眼前。

工作与梯子两者之间最重要的相似处就是：不论是爬梯子还是做事业，都需要我们的努力，并不是每一个人都愿意花大力气，做出牺牲，爬上梯子顶端，成就非凡事业。

但是同样经常可以看到，有的人就是宁愿鼠目寸光，宁愿胸无大志，都不想往上爬，不想登上顶点，不想实现辉煌，以致永远不能逃开底层拥挤的平庸乏味，终生无所事事。

当今世界，知识的积累以及方法的改进是如此之快，每个人都必须学会如何在激流中站住脚跟。

直到 1900 年，知识的积累速度不过是每个世纪翻一番；第二次世界大战结束后，这个速度已经变为了每 25 年翻一番。今天，几乎所有的研究中心都认为，现存知识正以每 5 年翻一番的速度增长。

这对于那些总想以不变应万变的人来说，到底意味着什么？过去认为完全正确以及似乎很有道理的东西，现在已受到质疑；而这些东西再往后极有可能就是错误的。

生活要求我们不断做出调整，我们自身的成长也永无止境，这无疑是一个前所未有的挑战。假如谁选择了轻易就能实现人生目标，那么也就意味着自己限制了自己的发展。当我们停止了成长，便开始了迈向死亡的步伐。

不论一个人能力有多大，只要他陷入一种不思进取的错误观点，认为自己不需要为将来做更多的工作，或是觉得自己的人生旅程已经完美，那么他很快就会发现，自己已经在落后的思维方式中迷失了。

知识固然很重要，但在现在这样一个复杂的社会，它并不足以保证成功。我们常听别人说："一个人若是只有知识，仍然是这世上最没用的人。"

下一句话是什么？

——不仅要了解你的事业，还要去热爱你的事业。

我们为什么要工作？我们是出于热爱而工作还是仅仅为了赚钱而工作？如果我们仅仅为了赚钱，那么不论我们做什么，都得不偿失。此外，我们若是为了钱而奋斗终生，将不会有任何伟大的成就。

每个人都喜欢与乐观主义者打交道。我们只有热爱自己的工作，才能成为乐观主义者。

了解你的事业！

热爱你的事业！

相信你的事业！

除此之外，难道我们还能在生命中找到更好的指南针吗？

> 随着年龄的增长，我们并不变得更好也不变得更坏，而是变得更像我们自己。
>
> ——贝克尔

75. 如何增加自己的价值?

人类历史中充斥着由于粗心大意而导致的惨剧,以及那些做事缺乏精准、办事不够彻底的人犯下的不可原谅的错误:一些玩忽职守的员工在工作中捣鬼,以掩盖自己的过失,却致使许多人失去了眼睛、腿、胳膊而变成了残废;有多少人因为铁路建设中的马虎粗心所犯下的致命错误而丧生;想想那些不合格的汽车轮胎、火车机头、发动机以及质量低下的铁轨、接头、闸门曾酿成了多少悲剧?然而那些粗心大意的工人们竟然还认为,自己的工作已经够对得起那点寒酸的工资了!

人们在工程上的不谨慎造成钢材上出现裂痕,最终导致铁轨断裂,机车损坏;某个人的粗心大意致使一艘船上的钢轨损坏,结果船被困在大洋之中,近千名乘客的生命受到威胁;由于在施工中的疏忽,建筑物在竣工之前突然轰然倒塌,把建筑工人们埋在一片废墟之中;大部分伤亡惨重的铁路事故、陆上或海上的灾难,都是出自那些漏洞百出、不合格的工作,都是那些懒散、马虎、对什么都漠不关心的人所造成的恶果!

　　放眼望去，我们到处能看到因工作疏忽而造成的悲剧：木腿、空空的袖子、无数的坟墓、失去父母的家庭，这一切都在向那些工作不认真和马虎大意的人控诉！粗心、懒散、不肯坚持到底是有悖于自身以及人性的罪行，它的危害比游荡在社会上的那些罪犯所造成的危害都要大。一丝细微的裂痕或是一个最轻微的过失都可能扼杀一条珍贵的生命，这才是最为严重的犯罪行为。

　　如果每个人都能用心工作，并且一干到底，不仅能减少目前的致伤、致残甚至致命的现象，还能提高人类的道德境界和水准。

　　许多人在工作中只注重了量，却忽视了质。他们总想多干，却不在乎干的结果如何。他们并没有意识到，作为人类的支柱，只有尽善尽美的工作才能真正带给自己以慰藉和满足。一项尽善尽美的工作要比一千项错误百出的工作有价值得多。

　　追求尽善尽美的工作习惯可以增强我们的心理素质，可以完善我们的人格。相反，做事总是懒懒散散、马虎大意、半途而废，则会让我们的思想倒退、人格堕落，最终毁掉了整个生活。

　　懒散的工作习惯所带来的危害让人吃惊。它偷偷地、狡猾地加速侵蚀一个人的精神世界，完全改变他的处世态度，甚至在他自以为已经为实现理想尽了全力的时候，还意识不到这种工作态度已经成为实现人生目标的障碍。

　　每一件虎头蛇尾、邋邋遢遢的工作，都会留下职业道德败坏的痕迹。工作不彻底，粗心大意，敷衍了事，让人们精神萎靡、道德败坏。因为每次在工作中偷工减料，敷衍了事，你便已不再是以前的你了。从而，你将不再努力使工作合乎标准，也不再认为工作有多么神圣。进而，习惯了对工作敷衍了事，就很难再拥有自尊；一旦失去了自尊，自信便随之消失；没有了自尊和自信，想出人头地也就不可能了。

　　很多人在独自生活或与懒汉为伍时，会将自己的目标和理想慢慢淡忘。有这样一个人，他一心希望能干出一番与众不同的大事业，并且他也的确有这个能力。创业时他勤勤恳恳、精益求精，不允许自己有丝毫的懈怠，凡事都一定要干到最好，敷衍了事的想法会刺痛他的心。但在不知不觉中，他的精神却慢慢退化，懒散的习惯让他慢慢堕落。一段时间以后，他开始纵容自己懒散懈怠，放任自己忽视工作，似乎对此全无察觉。现在，他过着极其普通的生活，并不感到一丝的遗憾和后悔。最可悲的是，他到现在也不明白自己为什么会失败！

不难想象，这位曾怀有崇高理想、拥有良好心理素质的年轻人，一旦离开家，为毫无理想、懈怠懒散的上司工作，他会堕落得多快啊！

当"低劣"的概念进行我们的工作时，就好像给我们灌入了毒药，让我们丧失工作能力。它就像细菌会传染，会影响整个系统；它使理想钝化，让我们丧失胸怀大志的能力；它麻痹人的进取心，最终让我们堕落。

假如你去问监狱里的犯人什么毁了他们，肯定许多人会告诉你，他们之所以身陷囹圄，是从欺骗上司、玩忽职守、对工作漠不关心、尽想着如何能蒙混过关开始的。

诚实是人的天性，是人格的标准，任何偏离它的行为都会使人堕落。无论做什么，诚实是第一位的，它不仅仅意味着你的言辞可以让人信服，还意味着你对工作一丝不苟，精益求精。不说谎话却在工作上耍花招，那不能算做诚实。诚实是要从整个意义上来说，它意味着你对所有事情的忠诚，无论是在行动上还是言辞上。只是不去偷别人的财物并不能证明你是个诚实的人。你也绝不能去偷别人的时间、别人的物品，或者用虎头蛇尾而且漏洞百出的工作去破坏别人的财产。当你和上司签下合同，就意味着你要给他最好的表现和业绩，绝不是敷衍了事。

"你可真够傻的。"一个工人对另一个工人说，"才拿这么点钱，干啥这么卖力气？'干得最少，拿得最多'是我的原则。看，我的收入比你多两倍。"

"你说的可能对吧。"另一个工人回答说，"但我更喜欢自己这样做，这样我就会更看得起自己，这比钱重要得多。"

当你的行为得到肯定时，你会更加喜欢自己。这个意义大于任何因玩忽职守所获得的不义之财。没有什么比出色完成一项工作能带给你更多的满足感、激动和振奋。完美的工作与我们做人的原则是一致的，因为我们生而追求完善，那是我们的本性。

有人曾问："疏忽和无知，哪一个会带来更大的麻烦？"

许多年轻人就是让他们始终不放在眼里的一些小毛病给毁了，那便是疏忽、马虎、不能精益求精。他们所做的事情从来都是有始无终；没人敢指望他们工作的成果，他们总需要别人来监督。

许多员工一想到要对上司说谎，就不寒而栗。但实际上这样的事情每天都在发生——糊弄工作，消磨时间，对上司的要求丝毫不放在心上。这些不认真、粗心大意的工作和说谎没什么区别。有些员工绝不会去向上司说谎，但会在工作时间偷点懒，开小差，抽支烟或睡上一觉。他们可能没有意识到，这样做和说谎毫无分别，甚至比说谎的后果还要严重。

应付自己的工作，对自己生产或销售的商品不忠诚，这样的人必然也不会诚实地对待自己以及同事。可是，他会为此付出代价，以至丧失自尊、人性，甚至是社会地位。

我们随处可以见到，看上去很好的家具，其实是用油漆掩盖了诸多问题：到处开胶，椅子和床架稍微一压便散了架，脚轮脱落，扶手松动，很多东西在还是很新的时候就支离破碎。大多数东西不过是随便拼凑起来：于是充斥市场的是大规模生产带来的质量低劣、制作粗糙的产品。

在这个充满机遇的时代，没有能力的借口是行不通的；任何岗位都需要一流人才，而你也有成为一流人才的机会，那就更没有理由沦为二流之辈。

对于重大工作来说，一流的人才是必需的。如果你能使自己成为一名全面的一流人才，无论你的条件如何，无论你的长相如何，都会有人来聘用你。如果能成为自己本职工作中的佼佼者，那么，不管这份工作多么不起眼，都没有什么可以阻挡你的成功。

没有什么可以与精益求精、坚持到底的人生准则相媲美。应当永远力求做到最好。

员工最能给上司留下深刻印象的，莫过于不辞劳苦、勤恳认真和精益求精的工作习惯。上司很清楚，如果一个年轻人是出于自己的原则而用心工作，不为工资，也不为从中捞到好处，而是因为他自己拒绝接受生产出的次品，那么他将是一名诚实的员工、一个难得的人才。

有许多的例子可以证明，在工作中再多一份思考、多一点心血，比自己预期完成得再好一点，也许就是提升的关键。上司们并不会说出他们的想法，但会迅速寻找人才。他们留心观察那些不辞辛劳、用心工作、对工作负责的员工，因为他们知道这些人有前途。

大多数人并不懂得，通向高层之路其实是由谦逊、诚实、认真完成手头工作而一点一点铺砌而成。如果回顾一下那些成功人士流传于世的事迹，你就会发现一条规律：这些人当中，没有谁年轻时就拥有过人的智慧，也没有谁在事业的开端就夸下海口。他们都是些把全部精力投入每一天的工作、不辞劳苦的人，是能出色完成工作的人。他们有勇气、毅力、知识和忠诚。

出色完成工作的人都懂得办事的方法。他们不甘平庸，不甘做普通人，不甘做事与别人一样。他们总要干得再出色一点，做的标准再高一点，层次再深一点。就是这高一点的标准和深一点的层次提高了人生的质量。只有经过一次次向顶峰冲刺的尝试，才能最终登上卓越的高峰。

当我们尽力做到最好，那整个天性都会改进。就像下山，什么都跟着往下滑，但是努力和热情提升了生活，而摇尾乞怜则让生命低贱。

树立你人生的信条吧！不论干什么，都尽自己最大的努力去完成得最好！把你人生的尊严和信誉印在上面，让优秀成为你的标签，让每一件你经手的东西都具有这个特征。这是每个上司都期望的；这证明了你有最优秀的头脑；这是天才的表现，这是比金钱还珍贵的财富；这是比朋友更好的激励者，这是更加有力的影响。把它融入到你所做的每件事中，那么，你的生命、我们每个人的生命都将是一部杰出的名作！

拼命地干，尽情地玩；如此这般，定能欢乐。

——斯托达德

76. 如何提高自尊、发展自信？

你怎么看待自己？你对现状满意吗？

作为一个人，你怎么看待自己的价值和存在的意义？那种感觉——你自尊的水平，是"现实"系统中对你最重要的、最根本的态度框架。在所有的优秀之作和成功当中，高昂的自尊是一个共同的分母，是一种释放的机制，使你的潜力能更加容易、更加自由地发挥。如果自尊——即你如何看待自己，在这个标尺上还处在很低的位置，那么也许你就是在拉着刹车开车。

小的时候，你的自尊便开始萌芽发展，从父母那里和其他亲友那里，你会得到很多信号，表明自己究竟是哪种人。有的信号非常积极，充满爱心，也很有鼓励和强化的方面："我很喜欢你"，"你真是个好孩子"，"真高兴咱们家有你这样的孩子"。

有一点很重要：不仅在于你得到何种信号，关键还在于你如何处理这些信号。仔细看看，考虑考虑，那些专家、大人物对你说过什么其实根本不重要，重要的是你自己如何感受，你的内心怎么想、有什么

感觉。这就是你建立自尊的起点和开始。自打小时候，你对自己的人生设计还处在朦胧的萌芽阶段的时候，那种独特的，对个人价值的感受就开始形成。一直以来，你就是在运用自我意识的水平对自己的感受建立起或修订这一自尊。而目前，自尊的水平是你落地以来，在思想和感情的天平上扔下的积极和消极的石块的总体结果。

说白了，自尊就是一种程度。一般来说，你不会陷入要么有自尊、要么没有自尊的极端。而在这个程度，可能会从非常消极到非常积极，从非常低到非常高。那些表现出众的人，常常是沿着标尺向上的方向前进：他们大多非常真实、诚实，有很正向的态度、价值观和自我态度；同时，他们认为自己很有价值。而在这一标尺下端的人则认为自己一无是处、毫无意义、没人理睬，对自己的能力也感到怀疑，总爱待在封闭的家里，做一些自己熟悉或容易的事。他"知道"自己不论做什么事都不会有机会，当然也不会有什么结果，甚至连别人恭维或夸赞自己的时候，他也会感到自己颇不自在，对未来没有多大把握，总认为以后的事情只会更糟。真遗憾，世界上恰恰有很多人就是与这样的自我印象为伍，真切地感到自己就是不行。消极否定就不消说了，更糟的是，很多人想当然认为"事情本该如此，这就是生活"。我们可以清楚看到那种"真实"在生活中是如何"刹"住了一个人成功的车轮。

让我们转向看看更积极的自尊水平。自信并非来自拥有呼风唤雨的能力，而是出于掌握人生的信仰。在标尺上端的人们深深地、真诚地、发自内心地对自己的感受是什么呢？是有价值的，很重要的，值得尊敬的，值得重用的，还有对别人的影响力。自视高的人会欣然接受新的挑战和任务，同时会乐观自信地展望未来。这多让人痛快呀！只要有自信，并且肯去努力，我们每个人都能在这个高度上找到自己。

在和别人打交道的过程中你会发现：鼓励和赞美带给你的感觉要比批评和指责带给你的感觉美好得多。很多人很容易在别人做错时批评人家的行为和态度，其实这不过是因为他们实际上没按我们说的方法做。如果我们希望影响别人，希望他们形成我们所渴望的性格、成就、态度、行为，那么鼓励要比批评有更大的意义。

因此，要同时养成新的习惯，去支持别人，表扬别人，而不是贬低别人。看看你不诋毁别人，抱着对别人持积极而肯定的感觉，在内心深处对别人多一丝敬意，去强化别人对自己的良好感觉，那效果会是什么——当你坦率告诉给别人你的内心会有什么变化，你会为这样的结果深感喜悦！对别人的鼓励和恭维越多，贬低和攻击越少，那么，你不仅会改善自己周围的环境，还会发现你更喜欢自己了。在强化别人对自己积极、正面的认识过程中，你就更加建立起自己的自尊。

对人不尊敬，首先就是对自己不尊敬。

——惠特曼

77. 如何鼓起勇气去尝试冒险?

有人对待一切，常常过于胆小谨慎，不惜一切也要确保安全，这其实是自欺欺人。

生活在对未来的幻想中，毫无意义，这其实就是一种怯懦隐藏的方式。总盼着事情会发生变化：等我再长大点再说吧；等我有钱了再说吧；等我受过更好的教育再说吧；等我结束这个疗程再说吧，一切就都会好起来的……

同样，生活在对过去的留恋中也毫无益处。总是沉浸在"我年轻时""我健壮时""我的配偶还活着时"；或者更糟糕的是，永远只关注"我的婚礼""我的离婚""我的手术""我的心脏病"，甚至"我失业了""孩子出生了"等，没完没了，就永远都不会有出路。

虽然如此，这些现象在生活中仍是频繁地出现。有的人即使因为过去的习惯感到痛苦、孤独、厌倦、难受，甚至遭受辱骂，可他们仍旧继续着过去的生活方式。为什么会这样？那是因为，习惯很容易成为掩盖真相的庇护所。

有一些人尝试小心谨慎地生活，以建立起安全的生活模式。他们并没有感到成就了什么，但是，他们已经建立起一种不成功的生活模式（无论是什么样的模式），总之可以避免失败。这是一种死气沉沉的生活，了无生机。还有些人一生为了改变命运，每周工作60～100小时，努力致富。为什么？因为他看到父亲像奴隶一样辛苦劳作，从不享受，至死还在工作。所以他不想让这种命运也降临到自己头上，他不想重复同样的生活。

生活中免不了会有风险，人可不能仅靠安全活着。每一次的呼吸都会有风险的机会，心脏病，车祸，征税，商业麻烦——任何一个意想不到的坏消息，都是没有任何征兆，突然降临，让我们措手不及，难以应付。

当我们超越安全的极限和熟悉的习惯，用不同的行为方式改变常规做法时，我们会有些紧张。从温和的、轻微的心里感到紧张，到声音发颤、心跳加速、恶心、腹泻、头晕甚至恐慌。如果我们对新机遇可能产生的结果考虑时间太长，恐惧就会像老鼠一样，从我们思想的地下室跑出来，吓我们一跳。任何新事物都会引起惊恐。用生命冒险，与投资冒险极为相似——冒险程度越高，收益也越高，赌注越大，风险就越大。

人的确需要一点压力，松紧的调节在于我们自己的控制，那就是：满足和充实我们的需要，寻找最适合我们的压力和冒险。长期屈服于恐惧只能导致平庸。无论如何，你也别指望能逃避冒险。我们倡导的生活方式是要你敢于尝试新鲜事物，要你思考"什么样的冒险会带来收获"。在这个星球上，只有渴望冒险的人才能有所作为。

所以，去探索，去试验吧！

一边平衡风险和收益，一边尝试去冒风险。有时我们会感到冒险大有好处；而有时我们则宁愿选择安全第一。试验就是要找到最佳的平衡点，兼顾冒险的收益和冒险的安全。既然任何新事物总是伴随着一定的压力，你就得正确评估自己付出的努力。无论怎么努力，总有人比你强，关键在于你自己感到兴奋和活力。将压力和冒险作为佐料，能使人生和生活的盛宴有别具一格的风味。

也许生活中最重要的历程是超越了生存意义的活动。当我们参与某项活动，实现了以前想都不敢想的梦幻，那份罕见的、甘甜的时光就会充满我们的生活。

这种经历就是突破自我，完善自我。不断提升，扫除障碍，清除污垢，忘掉忧虑，丢掉羞怯。这种经历还可以具有气吞山河、汹涌澎湃、醍醐灌顶的力量，收获无数个其他的令人骄傲的赞许。

78. 如何认识个人的主动性，避免落入竞争的陷阱？

在我们一生中，人们不断告诫自己必须通过竞争来取得成功。如果我们超过了其他人，或是比其他人更能推销，或是在策略上胜过其他人，我们将会因为获胜而受到赞扬。同时还会得到一个个奖赏——也是一个个成功的陷阱。小到聚会的场地，大到集团销售的总部，四处无不充斥着一个大致相同的口号："打败别人！"不论我们的年龄或社会地位如何，在我们一生中，几乎没有哪天不是在争夺一些东西的情况下度过的，也许是竞争公司里一个新职位，也许是竞争购物中心停车场里最后一个空车位。

竞争习惯如此普遍，使很多人都确信它是一条自然法则。然而这是一个很大的误解。我们喜欢把自己和别人进行比较，然而我们害怕那些在我们想象中强于自己的人，因为我们会将他们视为权威，他们所处的位置会阻碍我们的前进，或者他们会利用权力惩罚我们。可我们又担心那些自认为弱于自己的人，唯恐他们通过努力取代我们的位置，凌驾于我们之上。凌驾于别人之上的渴望又导致我们降低身份，过度依赖别人的评价，乞求得到别人的称赞，渴望得到关于自己的一点可怜的赞美之辞。对于赞美之辞的渴望同样会给我们带来恐惧，唯恐得不到别人的肯定。这样一来，对于周围别人好评和赞美的渴望占据了我们的思想。于是在这种情况下，人就不可能做出有创意的发挥了，因为他只训练了自己如何去超越其他人，或去机械模仿现成的式样。他缺少一个自由的头脑来创作或及时发展一些新形式，于是，他的工作将会陷入困境或停滞不前。

主动性与竞争性截然不同。主动性是释放思想的一种自然属性，它完全是一种自发的和天生的东西，在面对各种不同情况时，它就如同剑客拔剑那样会自动出现。自由的思想让一个人成为有主见的人，他根据情况做出的反应完全是自动的。竞争性却正好相反，它仅仅是一种对机械模仿的回应。当我们选定一个强于自己的人作为目标，作为落后一方的我们实际上正等待着领先的一方为我们确立行动的路径和方向。总之，主动性会产生自发的行为，而竞争性只会在领头人的刺激下产生延迟的行动。

人类的技能在合作中本可以得到很好的培养，而合作又是一种强化剂。可是竞争与合作总显得格格不入，它破坏了人的主观能动性。主动性比竞争更为重要，因为你所接受的每一次挑战，以及你所解决的每一个问题，都需要你的主动性参与。主动性会使你设定自己的标准，也更加独立自主、自力更生。而竞争却意味着你让别人帮你树立了目标，建立了价值观，以及决定了你的酬劳。

在一个人的一生中，没有什么可以取代个人的主动性。主动性是美德的重要方面。它是每个人所必备的重要因素，因为所有人类问题的解决都需要我们的参与活动。人的问题在缺少个人主动性的情况下是不可能解决的。自力更生如果没有主动性作保证是不可能实现的。一个人除非在感情上和肉体上是独立的，否则他很难发挥出自己的潜力。正因为这个原因，我们才对主动性以及努力培养这种品质的人给予很高评价。

> 妒忌者对别人是烦恼，对他们自己却是折磨。
>
> ——佩恩

79. 如何正确理解工作与谋生的关系?

老板是为了自己而工作,因为企业就是他的一切;为了谋生而工作的人,他前进的动力就是老板的薪水。这是一种人生哲学,是一种高层次的认识论。

一个人对待生活的态度关系到他的行为方向和质量。态度决定高度。根据一个人的工作态度,可以判断他的人品。一个人投入工作中的质与量,可以决定一个人生命的质与量。每到一个岗位,不要首先把月薪多少放在心里,而是要满腔热情全力以赴地做好自己的工作,在实践中进行不同职位的比较,看在新的工作单位是否更有发展前途。

(1)你把企业当作自己的企业,老板就会把你当作自己的人。无数成功者的实践证明了这一点。每个人一生中可能就职于某一个或者几个单位,去完成自己的人生目标。没有一个老板和领导不喜欢忠诚可靠的下属。

(2)不为报酬而工作,报酬会源源不断来找你。有的人认为,经济是基础,不计报酬而工作才是傻子呢。为了谋生到处奔波找工作,疲惫不堪也不一定能找到适合自己的工作。这些人在工作中事事考虑报酬，不会拿出满腔的热情去对待所做的一切，容易斤斤计较，也很容易把工作当成负担，反映了这些人做人的品德尚欠缺，这是老板和领导最不愿见到的。

如果你把工作当成负担，你就永远在疲惫不堪中解脱不出来，如果你把工作作为乐趣，即使是很累也会乐在其中。

如果不仅为薪水工作还为自己工作，把老板的事业当作自己的事业，自动自发、自觉自愿地工作，而不是为了获得更多的一点薪水、更高一点的职位。在别人都放弃时仍坚持不懈。如果你在企业最困难的时候，依然以实际行动为老板分忧，这就是"不为工作而工作"，"不为报酬而工作"，适合你的工作就会源源不断地来找你。这样反而能从工作中得到最大的回报。

（3）成功孕育于简单重复之中。工作有千千万万，如果你一味地让工作适应你，再多的工作也难找到适合你的；如果你能够把握现有的工作，不断探索、不断追求工作的进步，再平凡的工作，都能做到最好，在工作成就中享受快乐。

成功孕育在简单重复之中。因为简单的重复会锻炼人的筋骨，增强人的毅力，丰富自己的阅历等，而这些素质都是成功所必需的。

如果把最简单的事情坚持每天做到最好，就创造了不简单。在平凡的岗位上做出了超越岗位的业绩，就做到了不平凡。这样的人往往是有着强大的内心精神动力的人。

> 人只要有一种信念，有所追求，什么艰苦都能忍受，什么环境也都能适应。
>
> ——丁玲

80. 如何与同事友好相处?

从根本上讲,人际关系的形成取决于它能满足人们生存与发展的需要。"种瓜得瓜,种豆得豆",良好的人际关系是靠自己来创造的,你去行动就会有好的结果。成功,属于那些立即行动的人。

(1)人格塑造。人格的培养是人际关系中的关键因素,要把做人放在第一位。人品好本身就产生了一种吸引力、向心力,利于合作共事。

付出爱心、乐于助人是塑造人格的最重要的人际行为。"帮助别人就是帮助自己。"树立这个做人的信条后,每一次付出,自身人格魅力就会增加一个光点,不断地付出,点点滴滴的光点就会连接起来形成一个"自身人格光环"。那么,你在人们心目中就成了值得交往的人,你所获得的也是你意想不到的结果。

有一句话要记住:"我能为您做点什么?"这是建立良好人际关系的奥秘。

(2)坦诚相见。坦率和真诚是良好人际关系的重要因素。对待自己的同事,能够不存疑虑、坦诚相见,是同事之间值得信赖的法宝。

（3）赞美欣赏。能够看到同事身上的优点，并及时给予赞美、肯定，对一些不足给予积极的鼓励，这是良好沟通的基础。不要背后议论你的同事，要常常做"送人鲜花的人"，不要做"抛人泥土的人"。和颜悦色，是人际交往的需要。你这样做了，你就一定能受到同事的喜欢。

（4）少争多让。不要和同事争什么荣誉，这是最伤害人的。你帮助同事获得荣誉，他会感激你的功绩和大度，更重要的是增添了你的人格魅力。要远离争论，对一些非原则性的问题，切忌去争什么你输我赢；否则，其结果只能使双方受到伤害，有百害而无一利。

（5）善于倾听。善于倾听是增加亲和力的重要因素。当同事因家庭、生活、工作出现麻烦而心情不愉快时，他向你倾诉，你一定要认真倾听，把自己的情感融到一起，成为同事最真诚的倾听者，这样会加深同事之间的情感。

（6）容忍异己。容许每个人有自己独立的思维和行为方式，不要妄图改变任何人，要认识到改变只能靠他自己，劝其改变是徒劳的。

（7）巧用语言。沟通中的语言至关重要，应以不伤害他人为原则。要用委婉的语言，不用直言伤害的语言；要用鼓励的语言，不用斥责的语言；用幽默的语言，不用呆板的语言等。

（8）理解宽容。作为同事，我们没有理由苛求人家为自己尽忠效力。在发生误解和争执的时候，一定要换个角度，站在对方的立场上为人家想想，理解一下人家的处境，千万别情绪化，甚至把人家的隐私抖出来。任何背后议论和指桑骂槐，最终都会在贬低对方的过程中破坏自己的大度形象，而引起别人的抵触情绪。其实宽容了别人，也就是善待自己，将自己心中的愠怒化作和风细雨，神清气爽地度过每一天。若真的学会了宽容待人，微笑便会时常飘荡在脸上，快乐、温馨随之而至，人生路上更会少了荆棘，多了绚丽。

（9）朋友勤联络。在同事交往中，可能会有相处要好的朋友，诸多朋友形成自己的人际圈。在激烈竞争的现实社会中，铁饭碗已不复存在，一个人很少可能在一个单位干一辈子。空闲的时候给朋友挂个电话、写封信、发个电子邮件，哪怕只是片言只语，朋友也会心存感激。对进入自己人际圈的朋友要常常联络，一个电话、一声问候，就拉近了朋友的心，如此亲切的朋友，遇到好机会能不先关照你吗?

81. 如何与领导有效沟通？

每个职员都有自己的上级，能够与上级良好沟通的人，才能成为领导信任、喜欢的优秀职员。每个人都有上级，每个人都可能是一个被领导者，你尊重领导，不仅仅是受到领导的夸奖，更重要的是你做人的成功，是你心理成熟的标志。遵循上下级关系的游戏规则，是人走向成熟的重要标志之一，是自身修养的再现。做一个优秀的下级比做一个优秀的上级更能体现一个人的人生价值。有一段格言值得深刻去领悟：别人可以替你开车，但不能替你走路；可以替你做事，但不能替你感受。人生的路要靠自己行走，成功要靠自己去争取。天助自助者，成功者自救。这个世界上，唯有你才是你自己的救世主。

（1）尊重领导就是尊重自己。任何一个上司，提升到这个职位上，必有某些过人之处。在下级中，比领导者能力强的大有人在，但是他处在这个领导岗位，你就应该尊重他。即使你的能力再大，也是下属。尊重领导实际上尊重的是领导的职位，这是上下级关系的规则，是心理成熟的标志之一，说明了基本职业素质和职业道德涵养。有些领导可能能力不够强，遇到大度的，尚可以容忍下级的这些莽撞行为。但是遇到胸怀不够开阔的，对领导报怨、背后对领导指责等不妥做法，都会给自己的发展带来不利的结果。

尊重领导是有效沟通的首要前提和原则。给上司提意见只是本职工作中的一小部分，尽力完善、改进，尽快地接近工作目标才是最终目的。要有效表达反对意见，让上司心悦诚服地接纳你的观点，应在尊重的氛围里，有礼有节有分寸地磨合。不过，在提出质疑和意见前，一定要拿出详细的、足以说服对方的资料计划。

（2）踏实搞好本职工作是基础。无论你从事什么工作，兢兢业业、踏踏实实做好本职工作是良好沟通上下级关系的基础。有的人常在领导面前夸夸其谈，言过其实，特别喜欢在领导面前表现自己，这些只能获得领导暂时的信任，但是很快就会感到你"华而不实"。

做领导喜欢的员工，自己的发展目标与单位或企业的发展目标相融合的员工，乐于助人的员工，忠诚于自己的单位、忠诚于自己的事业的员工等，这类员工是领导最喜欢的。

（3）主动与领导沟通。要拥有良好的向上沟通的主观意识。有人说："要当好管理者，要先当好被管理者。"领导工作往往比较繁忙，无法顾及至面面俱到，因此，保持主动与领导沟通的意识十分重要，不要仅仅埋头于工作而忽视与上级的主动沟通，还要有效展示自我，让你的能力和努力得到上级的高度肯定，只有与领导保持有效的沟通，方能得到领导器重而获得更多的机会和空间。

（4）熟悉领导的个性和处事风格。下级要研究上级领导的个性与做事风格，善于寻找到有效且简洁的沟通方式，这是跟领导沟通成功的关键。通过沟通时刻要让领导知道你在做什么？做到什么程度？遇到什么困难？需要什么帮助？有效的沟通是达到成功的唯一途径！

（5）把老板当作第一服务对象。无论我们从事什么职业，都要把它看作自己的事业，把自己看作一家公司，而自己就是这家公司的经营者。

公司的赢利来源于为顾客创造价值，赢利的大小取决于你为顾客创造价值的大小。作为员工，老板就是你的顾客，而且是最大的客户，因为他在花钱购买你的服务。从这个角度来说，老板无疑是你的第一大客户，你也应该把老板当作第一顾客。把老板当作第一服务对象是以一种积极的态度来看待自己与老板的关系。明白"顾客是上帝"的道理，你就不会责怪老板的严格和挑剔了。因为是第一服务对象，那么你就要想办法增加自身的价值，同时学会向老板这个"第一大客户"推销自己。

人最重要的价值在于克制自己的本能的冲动。

——塞·约翰逊

82. 有利于沟通的简便方法有哪些？

（1）知己知彼。

——我首先应该准备的是什么？

——我本人应该怎么去做？

——交谈中我怎么去应变？

——对方在这次会谈中能得到什么？

在访问前，要深入细致地了解对方的基本信息，特别是对方的比较明显的业绩、成就。也可通过他人，对被访者进行了解，加深对被访者信息的认识。这些资料作为你在沟通过程中需用的主要素材。认真地了解对方，也表达了对对方的尊重和重视程度。

（2）训练微笑。世界旅店业巨子希尔顿说："我宁愿住进虽然只有残旧地毯，却能处处见到微笑的旅店，也不愿走进一家只有一流设备，却见不到微笑的宾馆！"

如果说行动比语言更具有力量，那么微笑就是无声的行动，它所表示的是："你使我快乐，我很高兴见到你。"

训练微笑必须首先从心灵上开始微笑，才能真正在脸上表现出对陌生人的微笑。

因为具有感染力的微笑，能

使对方感受到这种微笑是深入人心的，是甜蜜的、纯真的、友好的。并能使对方以微笑给予反馈，以微笑开启双方沟通的大门。

（3）真诚赞美。人类天性渴望赞美。即使是一句简单的赞美之词，也可以使人振奋和鼓舞，使人们得到自信和不断进取的力量。赞美对于被赞美者来说，是一种给予。只有宽广的胸怀，才会将自己的心灵付出与他人分享。

赞美必须出自内心的真诚，正确表达对方明显的优点。这样就会引起对方的共鸣，满足对方的荣誉感和成就感。如果不能抓住对方美的特点，泛泛而谈，也就不会使对方产生共鸣，甚至引来不满。

（4）温暖握手。见到对方以后，通过握手传达"见到您很荣幸"，并配合开头语以握手的轻与重，表达一种尊敬、仰慕的心情。对方能够快速地理解、接受你所传达的信息，对这种温暖的握手，对方感到亲切，加之甜蜜的微笑，就会解除对方的戒备心理，使对方完全处于一种"心甘情愿"的状态之中。对方就能做出愉快的接受的反馈，开始真诚地与你进行沟通。

（5）学会主动倾听。倾听是接受口头和非语言信息、确定其含义和对此做出反应的过程。

在人际沟通中，主动倾听包含别人所说的话，在文字和感情上的含义，也包含身体向前倾、点头、微笑和皱眉这样的非语言暗示，以及用"嗯""哼""啊""我明白了"等这样的声音来暗示自己的兴趣。

主动倾听的着眼点是辨别对方的中心思想，然后是其重要观点，最后是支持主要观点的支持性材料。如果记住了中心思想，主要观点就容易记住。

通过预判接下来要说的内容有助于我们集中注意力。预判比较困难，但你总是在做，久而久之就行了。

把对方讲的观点与自己的经验联系起来，对于加深理解所说的内容有非常重要的作用。

当把对方的重要观点在头脑中进行勾画，并考虑提出问题或对问题提出的观点进行质疑时，你就成为一个主动的倾听者。

每个人身上都有一口泉眼，不断喷涌出生命、活力、爱情。如果不为它挖沟疏导，它就会把周围的土地变成沼泽。

——马克·拉瑟福德

83. 怎样进行有效说服?

美国著名学者霍华曾经提出让别人说"是"的 30 条指南,现摘录几条如下,供创业者参考:

(1) 尽量以简单明了的方式说明你的要求。

(2) 要照顾对方的情绪。

(3) 要以充满信心的态度去说服对方。

(4) 找出能引起对方兴趣的话题,并使他继续感兴趣。

(5) 让对方感到你非常感谢他的协助,如果对方遇到困难,你就应该努力帮助他解决。

(6) 直率地说出自己的希望。

(7) 向对方反复说明他对你协助的重要性。

(8) 切忌以高压的手段压服对方。

(9) 要表现出亲切的态度。

(10) 掌握对方的好奇心。

(11) 让对方了解你,并非是"取"而是在"给"。

(12) 让对方自由发表意见。

(13) 要对方证明,为什么赞成你是最好的决定。

(14) 让对方知道,只要你在他身旁,便觉得很快乐。

84. 什么是优秀员工最重要的品质?

当你到了一个城市,费尽周折找到一份工作,而这个工作并不是自己所喜欢的,你怎么办?

——继续去做,还是准备换一个地方?

——和老板进行交涉换一份自己喜欢的工作?

——不断抱怨老天不公平?

每一个人都想找一份自己喜欢的工作,但是事情往往不以人的意志为转移;有的时候自己理想中的工作情境与现实的工作相差较大,有的人就承受不了,就会产生一种莫大的挫折感,而使自己萎靡不振。

一个人人生目标的确定为职业发展注入了持续不断的生机和活力。怎样才能更好地实现自己的目标呢?最重要的是你必须有一个良好的心理素质和积极的人生态度,能始终朝着自己的目标坚定不移地走下去。

希尔顿洗马桶的故事,影响了世界上成千上万的成功者——"就算一辈子洗马桶,也要做一个马桶洗得最出色的人!"

许多年以前一个年轻人来到一家著名的酒店当服务员,这是他涉世之初第一份工作,因此,他很激动，暗下决心一定要竭尽所能，不辜负父母的期望。没有想到的是，在新人受训期间，上司竟然安排他洗马桶！从那以后他变得心灰意冷一蹶不振。在这关键时刻，同单位的一位前辈及时地出现在他的面前，她什么也没有说，亲自洗马桶示范给他看，等洗干净了，她从马桶里盛一杯水，当着他的面一饮而尽！她用实际行动告诉她：经她洗过的马桶，不仅表面光洁如新，里面的水也是一干二净的。

从此，他脱胎换骨成为一个全新的人：他的工作达到了无可挑剔的高标准，终于有一天他也可以当着别人的面从自己洗过的马桶里盛一杯水，眉头不皱地喝下去。

后来他成了世界旅馆业大王，他的事业遍布全球，他的一切得益于他永不停顿、永不满足的创造与卓越行动。

他就是康拉得·N.希尔顿。

工作态度折射人生态度，人生态度决定事业成就。

这种力量驱动下的人，就能永远保持最旺盛的工作热情，最忘我的工作态度，成为每个组织最欢迎的员工，也是每个老板最欣赏和重用的人才。

一切节省，归根到底都归结为时间的节省。

——马克思

85. 做好班组长需要具备什么样的素质？

班组长就是号称"兵头将尾"的一线作业直接组织者和指挥者。一个合格的班组长应具备至少三项素质：

（1）自身素质要高，要有抱负、有追求、有目标。追求目标和行动决定了一个人的发展方向和成就大小。

（2）应具有较高的技术水平。班组长必须熟练地掌握本岗位的知识和技能，对工作过程中出现的一般技术问题能及时处理，同时虚心向有经验的员工请教，对员工提出的问题耐心答复，带动整个班组的技术水平共同提高。

（3）应有一定管理能力。要主动学习先进的管理方法，提高自身的管理水平。班组长要在班组管理中突出严格、公平和灵活，严格和公平是指在当班期间，凡属班长管辖范围之内的，不论是谁违反了规章制度，都要一视同仁，坚决地按规定处理；灵活要根据具体情况，讲究方式方法，语言要有分寸，对表现好的员工及时给予表扬，形成一种凝聚力。

总之，班组长应当能实干又会管理，要有较强的管理意识，同时要有组织能力、鼓动能力，能充分调动和发挥班组成员的积极性、创造性，能使班组团结友爱，把班组建设成为"第二个家庭"。

86. 班组长的工作重心是什么?

　　班组长是班组生产运行的第一责任人。班组长虽说是兵头将尾，但所起的作用不可低估，一方面要上情下达，另一方面又要带领班组成员开展具体工作。生产高效运行是企业的主旋律，也是班组工作的永恒主题。班组长应抓住这一主题不放松，任何时候都要把持续正常运行作为工作的重中之重。为此，应重点抓好以下几个方面的工作:

　　(1) 抓好班组成员的教育工作，通过班务会、班组培训日等活动认真学习有关生产运行的技巧、方法等，对各种大修、新设备投产、特殊运行方式、重要时期持续高效运行措施等要求及时进行交底;认真学习和分析外单位的生产经验和教训;及时总结班组工作中存在的问题并提出整改措施;不断强化班组成员的生产意识。

　　(2) 抓好班组高效生产目标管理的执行力度，落实生产责任制。一方面结合实际制定班组的年度生产目标及其保证措施，另一方面要与班组成员签订生产承包责任书，把生产责任制真正落实到人。

　　(3) 抓好技术培训工作，积极

开展岗位练兵活动。应重视技术培训工作，制订培训计划，并通过技术问答、技术讲座、技术演练等多种培训方法，提高班组成员的业务能力和技术水平，同时提倡和鼓励自学成才。技术培训应结合工作实际进行，做到培训时间、培训内容、培训人员"三落实"力求目的明确，效果显著实现制度化、规范化、力戒流于形式。

（4）加强考核，确保生产。奖金"百分制考核"是一种很好的考核办法，在此基础上修改完善的生产考核规定，调节差错、严重差错、障碍的统计规定，调度操作管理和考核的规定等制度，丰富细化了考核标准。班组长要本着对个人、对班组、对企业负责的精神搞好运行生产。考核要以"公平、公正、公开"原则，要使班组成员认识到考核不是目的，只是一种手段，考核是为了生产高效，为了职工、班组和企业的利益。

（5）加强民主管理，充分发挥班组"五大员"的作用。班组长既要充分调动班组成员的积极性，更要发挥"五大员"的作用，做到各司其职，各负其责，并通过他们的行动影响其他班组成员，增强班组成员的工作积极性、主动性和创造性，增进班组成员的集体观念，从而在班组管理上形成"齐抓共管、人人参与"的局面。

（6）加强交流，提高班组的战斗力。班组长除了要认真关心职工、热心帮助职工外，还要做好与班组成员的交流工作，包括技术、思想、学习、生活等方面的交流，以了解班组成员的特点，从而在工作中充分发挥班组成员的特长，如根据老员工在工作经验和技术上的优势，侧重让他们做好传、帮、带及生产把关工作；根据年轻员工接受能力强、可塑性大、有创新精神的特点，放手让他们通过实践提高工作能力、使他们逐步成为班组工作的中坚力量。同时，通过交流及时了解班组成员的思想状况和心理状况，有针对性地做好工作安排和监护，确保高效生产。通过交流还可以增强与班组成员间的相互信任，从而增强班组的凝聚力，提高班组的战斗力。

> 过于求速是最大的危险之一。
>
> ——培根

87. 企业最欢迎什么样的基层管理人员？

基层管理人员一般是指给下属作业人员分派具体任务，直接指挥和监督现场作业活动，保证各项任务有效完成的直接督导层。他们在企业中肩负着督导一线、培训一线、上传下达、成本控制等重要职责；同时又是企业干部队伍的后备力量，所以企业对基层管理人员都有一定的基本要求，主要是侧重其个人能力方面，包括：

（1）领导激励能力。要求基层管理人员及时对下属进行激励，对不同的下属用不同的激励方法。在不同的时间用不同的激励方法，不同的环境下用不同的激励方法。

（2）有效沟通能力。要求基层管理人员能及时主动地与上级、同事及下属进行沟通，让上级了解自己的想法，让同事理解自己的观点，让下属支持自己的观点，同时，自己也了解各方的想法，便于调整自己的工作重点、工作方法，为组织工作创造良好的环境。

（3）部属培育能力。要求基层管理人员能根据下属的特点和长处，扬长避短，挖掘下属的潜力，将下属的短处弥补到不影响工作的正常

开展的地步，将下属的长处充分发挥，达到脱颖而出的程度。既要用好"短板理论"，保证工作的正常开展，又要运用好"长板理论"，让下属及组织内的工作得到创新。

（4）业绩管理能力。要求基层管理人员能科学地管理、评价下属的工作能力和工作业绩。让能者、勤者得到肯定，让落后者能得到鼓励。让全体成员能得到共同进步。

（5）现场管理能力。要求基层管理人员对现场的五大要素：人、机、料、法、环进行科学的管理，使工作效率得到提高，工作质量得到保证。这要求其除了具备必要的业务技能外，还应该具备很强的应变力、判断力和决策能力。这是管理人员综合素质的体现。

（6）处理解决能力。要求基层管理人员要根据不同的现场环境，不同的设备缺陷，采取不同的方法处理设备或是班组出现的各种危机。

> 芸芸众生，孰不爱生？爱生之极，进而爱群。
>
> ——秋瑾

88. 不称职的班组长有哪些表现？

　　如果班组长素质不能很好地适应工作要求，给班组工作、乃至企业工作就产生不利影响。其表现主要有：

　　（1）思想素质不高，不能正确对待企业赋予自己的权力，或以权压制不同意见的班组成员，或以权给自己谋取私利，损害了职工和班组的集体利益。

　　（2）业务水平不高，本身业务能力、技术水平不过硬，且不注重学习，工作作风浮夸，在工作中瞎指挥，对工作造成不必要的损失。

　　（3）作风不民主，一人说了算，导致班组人心涣散，缺乏凝聚力、战斗力，对工作带来明显的负面效应。

　　（4）有的班组长心胸狭隘，爱搞技术封锁，技术资料及技术细节不对班组成员公开，生怕班组成员的技术超过自己。

89. 如何组织班组会议？

班组会议看似是小问题，但如果能真正发挥功能，将带来无穷的好处。第一线的员工迫切地希望被了解，尊重他们的角色及定位，会使他们有一种家的感觉。

班组会议作为最基层的管理工具，所以必须由最基层的班组长来做，他们最了解基层的情况与动向，只要很好地运用班组会议这一管理工具，就可以起到事半功倍的成效。班组会议的频率一般为每周1～2次，每次10分钟左右，时间一旦定下来，就不宜改变，最好定期、定时举行。

班组会议的内容要具体，一般包括教导、理念及目标的内容，大致分配如下：

（1）教导，占50％。主要内容包括：新产品、新方法之说明，标准化工作，品质异常及个人品质、效率的掌握。

（2）理念，占25％。主要内容包括：工作教养、工作伦理、工作习惯。

（3）目标，占25％。主要内容包括：生产安排、工作目标、政令传达、市场反应等。

班组会议的主持者事先要有所准备，主持班组会议的音量要大、态度要好。气氛要轻松，要懂得鼓励下属。班组会议时员工要反映问题积极参与，必要时可以有上司指导、协助及列席。要有班组会议报告单，这是班组会议成败的关键，可以使班组会议有准备、有步骤地进行，从而达到目的。

一般企业实施班组会议的不足主要表现为：①班组会议不是由班组长主持，而是由经理、总经理在主持，这样就失去了它原有的功效；②班组会议的内容欠具体，进而缺乏说服力；③没有班组会议报告单，失掉了班组会议实施成功的精华。

人喜欢习惯，因为造它的就是自己。

——萧伯纳

90. 如何举办工作会议?

会议是一个集合的载体。通过会议使不同的人、不同的想法汇聚一堂,相互碰撞,从而产生"金点子"。原则上要尽量减少会议,如果不能减少的话,那么就要在提高会议效率上面下工夫。固定的部门会议至少每月一次,但不能多于每周一次,否则容易形成拖沓的不良习惯。全体会议至少每两个月一次,举办方法如下:

(1) 准备工作。

a. 会议的目的。

b. 讨论的话题。

c. 参加者(确认与否,事先准备)。

d. 日期及开始、结束时间。

e. 地点及设备。

f. 会议要求,如关闭手机、准时、交通、住宿等。

g. 会议最合适的人数是 5～7 人,安排成圆桌形式或半岛型。如果超过 10 人,会场最好布置成"U"形,主持人可以站在会场中央,有利于协调讨论。如果是全体会议,可以布置成阶梯教室的形式。

(2) 会议流程。

a. 一个中心:整个会议的议

程，具体包括：致欢迎词，阐明会议目的，交流会议议程，介绍时间安排，相关规章制度，指定会议记录人。

b. 两个基本点：会前准备和会议结束后的跟踪。

c. 成败的关键：会前准备和会后落实。

d. 会前要与重要参与者协商沟通，听取他们的意见，以共同安排会议议程和会议时间。但这并不妨碍主持人对议程的决定权，哪些建议可以接受，哪些建议搁置一边。

e. 进行会议讨论：可以分为不同的议程，包括议题1、议题2等，具体包括：分享话题和目标，交流信息，产生主意，做决定，确认行动，总结。

f. 热点事项：指反复出现、不断重复的问题。之所以如此，是因为至今还没有解决好，如部门工作氛围、某产品的投诉、设备的废品等。这种现象不允许长期存在，要么抽出专门时间将问题彻底解决，要么把问题委托给一个工作能力强的人，如果不成，则委托给一个工作小组来认真研究，然后提交处理意见。

g. 其他事项：要避免在所有会议议程的事项讨论完毕后，再抛出所谓"其他事项"，让大家"简单地"议一下。真有重要事件发生必须立刻处理的话，那也必须在会议开始前提出，以便与会者共同讨论是否改变会议议程。另外，会议要准时开始（用组织可以接受的方式来惩罚迟到者），要留出5~7分钟做总结，要预留适当的时间提问题。

（3）沟通与反馈。

a. 有明确的沟通目标。

b. 有明确的时间限制。

c. 重视每个细节。

d. 积极倾听。

e. 努力达成目标。

（4）建立信任。

a. 找共同点。

b. 别人困难时给他帮助。

c. 在别人出错时给予善意提醒。

d. 适当表达对别人的关心。

e. 适当展示自己的能力和水平。

f. 实事求是，不夸大，不撒谎。

g. 暴露自己一定的脆弱之处。

h. 保持适合自己的优雅仪表和风度。

i. 反馈要及时，表扬要具体、真心。

j. 批评要注意方式，既达到反馈目的，又不伤害自尊。以采用"汉堡"原理：先肯定，然后提出需要改进的"特定的"行为表现，最后以肯定和支持结束。

（5）主持人守则。

a. 营造和谐氛围。

b. 按照议程进行。

c. 正确总结讨论的内容。

d. 引导发言者解释令人困惑的发言。

e. 帮助与会者理清不假思索的想法。

f. 尊重别人，避免出现会议中意见一边倒的情况。

g. 减少与议题无关的争辩。

h. 保持中立态度。

（6）主持人的失败表现。

a. 听完陈述后，就没词了。

b. 向任意一方表示赞同。

c. 阻止对方宣泄，建议双方冷静下来再谈。

d. 认为双方都有问题，同时指出双方存在的问题。

e. 引导双方攻击你。

f. 减少问题的严重性。

g. 换话题（如要求帮助你解决你自己的问题）。

h. 当双方争执时，表达不愉快的情绪（如暗示这样会破坏团结）。

（7）意外和冲突的处理。

　　a. 对讨论与主题无关的讨论，要善意提醒关于程序和时间限制，带入别人发言。

　　b. 对于总攻击和提否定的意见：重申什么意见都可以提，但正面意见更受欢迎，采用非语言方式打断。

　　c. 对于过于敏感和防卫性过强的人：突出其贡献，重复问题。

　　d. 于置疑现在程序的人或进入其他议题的人：肯定其贡献，重申可以先用现在程序，如不奏效再按照他的方法办。

　　e. 对于跑题者（做别的事，或时常打电话，小团体讨论等）：主持人停止说话或示意发言者暂停，使会议突然静下来使私下谈话的人警觉，保持短暂沉默等。

　　f. 主持会议除了明白会议主持人的职责和注意事项外，也需要很多练习。

　　（8）临时的会议或谈话。

　　a. 这也是一种会议，这种会议一般准备的都很差，几乎全凭现场发挥。这是最缺乏效率、也是最严重的失误。这类临时的会议不需要正式的议程，但是也应该养成习惯，多问几句：你要找我谈什么事？目的是什么？谈完后我们想要取得什么成果？大约需要多少时间？该做什么准备？这对下属和自己都是一种督促。

　　b. 对于处理人际关系的问题或者是个人事项，必须抽出专门的时间，消除顾虑，选择适当的语言。

　　c. 管理者和下属的谈话不光要围绕工作来进行，管理者要向下属发出信号：他们愿意倾听下属的意见，愿意抽出时间与下属交谈。话题也只是涉及员工个人，他在组织中的感受以及意见，如果员工愿意，还可以谈谈私人话题，如你家里还好吗？

　　d. 为了使谈话真的能进行，不因日常工作和紧急事务而取消，优秀的管理者总是把谈话列入记事本。

　　（9）头脑风暴决策法。

　　a. 无拘无束地提意见，追求数量。

　　b. 将点子记在大家看得到的地方，供大家参考。

　　c. 鼓励结合他人的想法提出新构想。

d. 不允许在点子汇集阶段评价或反驳别人的意见。

（10）会议记录。

a. 包括标题，会议目标、主席名字、缺席及出席人员名单应列在会议记录的开始处。讨论过程中达成的各种共识及反对意见如何（要与会者确认每个结论都无误）。

b. 分派工作的详细情况及完成日期，责任人。

c. 重要的会议应录音。

d. 要让与会者轮流担任记录职务，使所有人得到锻炼。

e. 会议记录最好在一页纸之内。

f. 尽量在当天或者最迟第二天把会议记录发给与会者。

（11）会议决议的落实。每个事项主持人必须让与会者明白：将要采取哪些措施？由谁负责落实？何时提交结果？这些事项都必须纳入会议纪要。

（12）会议效率不高的几种情况

a. 不知道何时是开会的最佳时机。

b. 对于何时开会几乎从不征询员工的意见。

c. 有些"必须到会"的员工缺席，使会议失败。

d. 开会前没有通知与会者相关事宜，会议拖沓。

e. 开会的原因、目的和结论都不明确，致使会议毫无成效。

（13）需举行工作会议的几种情况。会议一般都有标准事项，如接受订单情况、生产负荷情况、资金调动情况、财务基础数据等，这些可能是组织中经常要讨论的问题。另外，听取部门汇报工作、表扬和批评、分配工作任务，最好以会议形成落实。

读好书，好像是在同昔日那些极其令人敬重的著书者们交谈；的确，那很像是在享受一篇经过准备的谈话，作者们在那种谈话中，只向我们吐露他们的见解。

——笛卡尔

91. 为什么会有员工不和你接近？遇到这种情况怎么办？

正确处理好领导和员工之间的关系才能使工作有效率地进行。如果在处理和员工的关系时没有好的想法和有效的办法，就很有可能造成员工和领导的距离感，使得员工不和你接近。如何避免这种情况出现呢？

（1）对新员工要多一份关爱。新员工刚到公司时可谓举目无亲，周围的老员工有可能形成一个圈子，在很多时候让新员工无所适从。所以作为领导，应该在上班前跟新员工打一下招呼，如果来的新员工人数不止一个，就要防止他们跟老员工形成两个圈子，努力使他们融合在一起。这时吃饭是最能促进感情的。工作时不宜谈的事，吃饭时可以尽情地谈，使大家互相认识，消除陌生感。还有就是利用会议的时间，请新员工多发言，让他多得到同事的鼓励。平常工作时有机会可以嘘寒问暖一下，问问住所和来回交通的情况。私下叫老员工多带带他。这样，很快就能让新员工有了公司主人公的感觉，工作也会很快地上手，工作也很卖力了。

（2）距离产生美。不管你是作为上级，还是作为下属，应当谨记"距离产生美"的原则。尤其作为一个领导者，应该与你的下属保持适当的距离，以正确引导双边关系的良性发展。这个距离分寸的把握，与领导者平衡能力密切相关。距离大了，就有可能成为高高在上的官僚主义；距离小了，就有可能成为哥们义气的朋友文化。管理既是科学，更是艺术，由此更见一斑。没有任何具体的规则流程可供遵照执行；唯一可以确定的是，最大的责任者在于领导本身。在处理领导与员工关系中，领导是主动的，员工是被动的。领导疏远了员工，员工也必然疏远你；领导拉近了距离，员工也会拉近距离。所以，我们可以想见，问题肯定出在领导自己的身上。

（3）不要等价价值观。什么是等价价值观呢？就是领导者将自身的价值观等同于员工的价值观，而要求员工按领导者的价值观行事。希望别人按照自己的意愿去进行行为的选择，实际上是一种价值观等价的问题。人都有价值观，而不同的人，其价值标准很可能是不同的。如果你以自己的价值观去衡量其他人的行为，就可能会引起纷争。正确的方法应该是一系列行之有效的办法使员工认识到："为自己的幸福而工作！"只有让员工为自己而工作，才能真正焕发其真正的战斗活力。脱离了这个宗旨，任何激励都无法真正有效。围绕这个宗旨，制订系统的激励方案，才能使员工自我鞭策、主动而为。

习惯是一条巨缆——我们每天编结其中一根线，到最后我们最终无法弄断它。

——梅茵

92. 如何教育员工改变消极态度？

　　员工消极工作态度是指员工在工作中通过经验积累而形成的对工作所持有的稳定的消极的评价与行为倾向。转变员工消极的工作态度有助于提高员工的工作积极性，使员工形成一些企业所期望的积极行为。

　　（1）参与实践法。通过员工参与工作实践，在实践中不断地认识了解工作，从工作中得到启发和教育进而转变员工消极的工作态度。在管理中，我们可以通过员工参与管理、工作丰富化、提合理化建议等途径来转变员工的消极工作态度。

　　（2）强化法。当员工产生消极行为时，我们可对他们的行为进行负强化或惩罚，进而转变他们的工作态度，如批评、罚款、停职、降级等；反之，要及时地给予正强化，如奖金、晋升、表扬、认同等。

　　（3）目标导向法。员工的消极工作态度有时是因为管理者未能把工作的目标与员工的切身利益联系起来，即要把工作目标和员工的切身利益联系起来，从而使之成为自己的主观需要进而形成积极的态度。

　　（4）宣传教育法。企业应重视

利用企业文化来教育员工，陶冶员工的情操。这样可帮助员工对企业形成正确的认识，改变对工作的错误看法，有助于转变员工消极工作态度。

（5）榜样示范法。在企业中树立一些有血有肉的爱岗敬业的先进榜样对员工消极工作态度的转变很有帮助。通过各种渠道使员工了解先进人物的对工作的思想、情感、行为，使员工心灵的深处受到触动。

（6）恳谈法。通过恳谈的方法逐渐向具有消极工作态度的员工提出转变的要求，有助于员工态度的转变。对员工消极工作态度的转变，不能操之太急。

（7）信息沟通法。转变员工消极工作态度的效果与信息沟通的效果相关，而在转变员工消极工作态度过程中，影响信息沟通效果的因素有沟通者、沟通内容、沟通对象、因此在使用这种方法时应对它们进行研究。

不要因为别的人相信或否定了什么东西，你也就去相信它或否定它。上帝赠予你一个用来判断真理和谬误的头脑。那你就去运用它吧。

——杰弗逊

93. 什么是正确的工作心态？工作上的服从与人格上顺从有什么不同？

正确的工作心态有以下几个特点：

（1）归零的心态。在此之前你可能有过很高的成就，但是当你现在到一个新的行业来的时候，一定要有一个归零的心态。只有这样才能快速成长，学到这个行业的技巧与方法。如果你要喝一杯咖啡，就要把杯子里的茶先倒掉；否则，在把咖啡加进去之后，就既不是茶，也不是咖啡，成了四不像了。

（2）学习的心态。任何一个行业，只有专家、内行才能赚到外行人的钱。所以你一定要在最短的时间内以最快的速度，成为专家内行。而要成为专家，你就得学习。隔行如隔山，一定要静下心来，认真了解所提供的产品，谁学得快谁就成功得快。

（3）坚持的心态。成功者决不放弃，放弃者绝不成功。坚持到底，决不放弃。

（4）付出的心态。只有你付出了，才会得到回报。付出越多回报越多。

（5）积极的心态。人脑是很神

奇的，积极的心态，能让你不断地往大脑中输入正面的信息，开启你的心智，想出办法，解决问题。同时你积极的心态对同事、领导，有巨大的正面影响，让您的团队在低潮时看清方向，有信心和勇气不断前进；高潮时干劲十足，不断创造分享奇迹。如果您是消极的心态，可能会给您的团队毁灭性的打击。

（6）诚实的心态。诚实是做人的起码要求，以诚待人才会成功。

（7）承诺的心态。一定要给自己一个承诺，然后努力去实现承诺，因为是对自己承诺，不要欺骗自己，也不能欺骗自己。

（8）相信的心态。相信公司实力，相信公司的产品、公司的奖金分配制度，相信领导，相信同事，更重要的是一定要相信自己。相信自己定能成功，奇迹就会发生。

服从，通俗地说就是按别人的命令去做事。在企业中，服从行为对于协调人际关系，提高群体效率，具有十分重要的意义。任何社会组织都有与其相应的规范和纪律，要求其成员共同遵守。如果成员都遵守集体的规章制度，大家就会对他加以肯定、赞赏，倘若违反规章制度，就会受到批评指责。在工作群体中，对领导的服从，可以使集体在其统一指挥下，成为一个有机的整体，达到全体成员方向明确、步调一致、齐心合力，为实现共同目标而努力。反之，集体就会成为一盘散沙，群龙无首各行其是，无法达到目标。特别是在紧急情况下，集体成员无条件地服从领导的统一命令和指挥，就显得特别重要。有些事，瞬息变化，如不及时行动，就会错失良机，造成损失。在工作上服从绝不是人格上的顺从。

科学的灵感绝不是坐等可以等来的。如果说科学上的发现有什么偶然的机遇的话，那么这种"偶然的机遇"只能给那些学有素养的人，给那些独立思考的人，给那些具有锲而不舍的精神的人，而不会给懒汉。

——华罗庚

94. 处理现场问题的方法及程序是什么样的？什么是现场管理的三要素？

从广义上讲，凡是企业用来从事生产经营的场所，都称之为现场。如厂区、车间、仓库、运输线路、办公室以及营销场所等。开展现场管理工作，要有计划、有步骤，按"循序渐进，逐步推开"的原则来进行。现场管理一般可分为三个阶段：

（1）治理整顿。着重解决生产现场："脏、乱、差"，物品摆放无序，安全通道不畅，纪律松弛，责任不清等问题，逐步建立起良好的生产环境和生产秩序。

（2）专业到位。使各项基础工作和专业管理真正在生产现场得以有机结合和落实，必须做到管理重心下移，促进各专业管理的现场到位。

（3）优化提高。优化现场管理的实质是改善，改善的内容就是目标与现状的差距。在实践中总结现场管理的经验，使现场管理向深层发展，并不断优化组合生产力要素，使其合理有效地运行，充分发挥企业管理的整体功能。

现场管理的三要素（QCD）就是：质量（Q）、成本（C）和交货期（D）。

95. 什么是作业现场的目视管理与 5S 管理活动？

目视管理也叫可视管理，就是通过视觉导致人的意识变化的一种管理方法。有以下三个要点：①无论是谁都能判明是好是坏（异常）；②能迅速判断，精度高；③判断结果不会因人而异。可视管理是一种很可行的方法，用以判定每件事是否在控制状态之下，以及在异常发生的时刻，即能发送警告的信息。当可视管理发挥功能时，现场每个人就能做好流程管理及改善现场，实现现场管理的目标。

目视管理也可以用 5S 的方法来构筑：

（1）整理——去除不需要的东西。现场仅能放置一些现在及近期内要使用的每一项物品。当你接近现场时，是否发现不使用的在制品、物料、机器、工具、模具、架子、台车、箱子、文件，或没有使用的私人物品？把这些东西丢弃掉，仅留下需要之物。

（2）整顿——将要的东西摆放成有秩序的样子。在现场每一项物品都必须放置在正确的地方，在需要的时候随即可取用。每项物品应有一个特定的位置，而且必须放在该位置。地面上的标线，是否正确地标示出来？通道上没有障碍物吗？整顿做得好的话，任何物品没有在位，就很容易看得出来。

（3）清扫——将机器及工作区域打扫干净。机器地面及墙壁是否干净？你能否检查出机器上的异常之处（震动、漏油等）？清扫做得好的话，任何的异常之处，就立即变为很明显可见了。

（4）清洁——保持个人的干净以及每天做好整理、整顿和清扫。员工是否正确地穿着工作服？他们使用安全眼镜及手套吗？他们是否持续在做整理、整顿及清扫，并且有否当做他们每日例行工作的一部分？

（5）教养——自律。每一个人的5S职责要明确规定下来。是否可看得见？你为他们设定了标准吗？作业员遵守这些标准吗？工人必须将数据记录下来，写在图表上，并且依据要求做每小时、每天或每周的点检列表工作。管理阶层可以要求作业员，在下班前每天将数据资料填妥，作为养成自律习惯的手段。良好的5S，意味着只要机器一运转，即能生产出良好质量的产品。

竭力履行你的义务，你应该就会知道你到底有多大价值。
——托尔斯泰

96. 做事情如何保持有条不紊？

睡前安排明天日程……

第二天……

一天的安排让我生活充实！

"永远先做最重要的事情。"每天睡前在纸上写下明天要做的最重要的事情，然后用数字标明每件事情对你和你的工作的重要性。第二天早上首先是把纸条拿出来，开始做第一件最重要的事情。不要看其他的，只是办第一件事，直至完成为止。然后用同样的方法对待第二项、第三项……直到你下班为止。如果只做完第一件事，那也不要紧，你总是在做最重要的事情。每一天都这样做，并鼓励你的员工也这样做。

有效利用时间的精髓是：分清轻重缓急，设定优先顺序。面对每天大大小小、纷繁复杂的事情，如何分清主次，把时间用在最有生产力的地方，有3个判断标准：

（1）必须做什么——这里有两层意思：是否必须做，是否必须由你做。非做不可，但并非一定要你亲自做的事情，可以委派别人去做，自己只负责督促。

（2）什么能给你最高回报——"最高回报"的事情，即是符合"目标要求"或自己会比别人干得更好的事情。现代社会只认可有效率的劳动，勤要勤在点子上，勤奋是用最少的时间完成最多的目标。

（3）什么能给你最大的满足感——无论你地位如何，总需要把时间分配在令人满足和快乐的事情上。这样工作才会充满情趣，并使人保持工作的热情。

（4）通过以上的考虑，事情的轻重缓急就很清楚了。然后以重要性优先排序，并坚持这个原则去做。你将会发现，再也没有其他办法比按重要性办事更能有效利用时间了。

你希望别人如何对待你，你就如何对待别人。

——《伊索寓言》

97. 如何发现商机?

（1）变化就是商机。环境的变化，会给各行各业带来良机，人们透过这些变化，就会发现新的前景。变化可以包括：产业结构的变化、科技进步、通信革新、政府放松管制、经济信息化、服务化、价值观与生活形态变化、人口结构变化。任何变化都能激发新的业务机会。我们应通过报纸等信息渠道，寻找变化的规律、趋势、带来的商机。

（2）问题就是商机。别人认为是问题的地方，创业者却认为是潜在的商机。你自己遇到的问题，其他人遇到过的问题，人们总是迫切希望解决，如果你能够提供解决问题的办法，实际上就是找到了商机。例如，双职工家庭没有时间照顾小孩，于是有了家庭托儿所，没有时间买菜，就产生了送菜公司。这些都是从"问题中寻找机会"的例子。

（3）竞争中有商机。若你找到了一种方法赢得竞争，你就能用现有的资产或服务创立一个成功的小企业。看看你社区周围的公司，你能做得更好吗？你能比它们更快、更可靠、更便宜地提供产品或服务吗？若能，你就找到了新的商业机会。

98. 什么是微小型企业?

　　企业是一个人或一个群体进行商品生产交换和服务以谋求利润而组建的一种合法的社会经济组织。

　　微小型企业是指那些作业人员少（几个人）、资金不多（几万元钱）、规模小的企业，也指那些进入、退出门槛低、风险小，易于操作的企业。这种微小型企业大多是服务性行业，装配型制造行业，手工作坊和小型种植、养殖业。按国家政策规定，包括图书借阅、旅店服务、餐饮服务、小饭桌、小商品零售、搬家、钟点工、家庭清洁卫生服务、初级卫生保健服务、婴幼儿看护和教育服务、残疾儿童教育训练和寄托服务、养老服务、病人看护、幼儿和学生接送服务、洗染缝补、复印打字和理发等内容的微利项目。

　　上述微小型企业都能得到政府在申办、费用、税收、贷款等方面优惠政策的大力支持。

99. 私营企业主要有哪几种形式？

根据我国有关法律规定，开办私营企业主要有3种形式：

（1）独资企业——主要是一个人独立出资开办的企业。

（2）合伙企业——主要是几个人合伙出资、共同经营、共负盈亏的企业。

（3）有限责任公司——主要是采取"公司"形式的企业。详细介绍请看"创业政策服务篇"。

100. 创办自己的企业有什么好处?

一个能在没有多少资源的情况下，锐意创新，发挥并实现潜在价值的人被称为"创业者"。创业者在创业过程中会得到以下好处：

（1）有机会过上较为富足的生活。

（2）创办自己的企业会迅速增长才干。

（3）因出色的工作而赢得尊重、威望和利润。

（4）感受创造以及为社区和国家做贡献的乐趣。

（5）通过努力掌握自己的未来，生活由此变得更自信，增加幸福指数。

101. 自行创业可能遇到哪些困难？

打算自行创业一定出于某种原因，或是维持生计，或是实现自己的抱负。无论出于什么动机，你将面临以下实际问题：

（1）拿自己的积蓄去冒可能失败的风险。

（2）失去稳定的工资收入。

（3）长时间无休息地工作，甚至生病也得不到休息。

（4）为发工资和债务担忧，甚至拿不到自己的那份工资。

（5）要去做许多并不喜欢做的事情。

（6）无暇与家人或朋友共处。

如果你已经有一份工作，就要认真考虑是否放弃现有的医疗和失业保障、资金福利和稳定的工资收入。经营一个企业要承受非常大的压力，创业之前请权衡利弊后再作取舍。

102. 创业如何从小规模起步？

　　创业是一个发现和捕捉机会，并由此创造出新颖的产品或服务并实现其潜在价值的过程。一切成功的令人仰慕的私营企业无一例外都是从很小很低的起点发展起来的。

　　（1）可以不放弃原来的工作，用业余时间办自己的企业，直到企业运转稳定。

　　（2）创业初期，你的配偶可以继续从事原有的工作，以后再加入自己的企业。

　　（3）创业初期，租赁设备比购置设备稳妥、合算。

　　（4）需要人手时，先聘用非全时员工，再聘用全时员工。

　　（5）先购买二手设备，以后再更新。

　　（6）逐步拓展新的业务领域，避免因财务困难而陷入困境。

　　（7）根据业务的增长，制订业务扩展计划。

103. 小企业失败的原因通常有哪些？

办企业可能会成功也可能会失败，一旦失败，你会血本无归。导致企业失败的原因很多，下列每一项失误都足以导致创业失败，如：

（1）管理问题——没把企业的经营管理工作同家庭生活，社会事务和各种开支分别开来处理。

（2）欺骗和盗窃——员工偷懒或从企业窃取财物。

（3）缺乏技能和专门知识——不会管理资金、人员、机器、库存，不懂怎样与客户打交道。

（4）营销不力——由于广告不到位，商品质量差，服务不周到，不能招徕足够多的顾客。

（5）赊销和现金控制不利——在没有核实顾客支付能力及收款措施不完善的情况下，允许顾客赊账购物。

（6）高支出——没有足够控制诸如差旅、娱乐、营业场地、电、电话等费用的支出。

（7）某些资产过多——设备和车辆以及非生产性物资过多，缺乏足够的现金维持日常经营活动。

（8）库存管理不善——存货太多，又无法售出或展示。

（9）营业地段——企业设在偏僻的地段，不好找，或离客户太远。

（10）灾害——因为火灾、水灾或其他灾害使企业遭受损失，而没有为企业投保。

凡在小事上对真理持轻率态度的人，在大事上也是不足信的。

——爱因斯坦

104. 你适合创业吗?

创业是艰难的,在创业的过程中难免会遇到这样或那样的苦恼、挫折、压力甚至失败。企业的成败取决于业主的素质和行为。在决定创业之前,要看看自己是否具备当业主应具备的性格特点、技术水平和物质条件。思考以下问题并判断你成功的可能性有多大:

(1)你有创业激情吗?创业激情是指你把企业看得非常重要,愿意加班加点地工作,并且毫无怨言地承担责任和义务。

(2)你有强烈的创业动机吗?你知道为什么创办自己的企业,非常渴望成功创业。

(3)你做事诚实吗?不诚实是指你做事不重信誉,这样很快会被传开,你的生意也将随之失利。

(4)你身体很健康吗?为企业操劳会使你的健康受到影响,你必须保持健康。没有健康的身体,你将无法为自己的企业承担义务。

(5)你有风险意识吗?没有绝对保险的生意,你总会冒些可能失败的风险。你必须知道创业可能有哪些风险,以及如何规避和化解这些风险。你甘愿承担风险,而不是无端冒险。

（6）你办事优柔寡断吗？在企业里你经常要做许多决定，当要做出对企业有重大影响的决定而又难以抉择的时候，你必须果断。生意不好时，你也许不得不辞退勤劳而忠诚的员工，不要发不出工资还保留员工。

（7）家里人很支持你创业吗？办企业会占用你很多时间，你将无暇与家人共处，他们是否非常理解你，支持你的创业方法和你的计划？

（8）你有坚强的毅力吗？你是否愿意明确目标，不怕困难，努力实现目标；拒绝轻易放弃？

（9）你的应变能力很强吗？市场千变万化，你要有应付新情况的能力，并能创造性地找到解决问题的方法。

（10）你有良好的心理素质吗？你要相信自己能做成计划中的每一件事情，坚信你的企业会逐步走向成功。在残酷的市场环境中，你能否做到得意之时不忘乎所以，失意之时不自堕其志？

俗话说："创业难，守业更难。"你在成功地创业之后，还要苦心经营，这就更需要要有不屈不挠的精神。一句话，自信心是根本，健康是保证。

我们世界上最美好的东西，都是由劳动、由人的聪明的手创造出来的。

——高尔基

105. 创业者应重点培养哪些能力?

创业者应努力使自己具备以下一些能力:

(1) 组织指挥能力——使企业各要素与环节准确无误地高效运转。

(2) 谋略决定能力——就是能在复杂环境下洞察到事物的内在本质和发展趋势,并不失时机地做出科学合理的决策。

(3) 创新创造能力——要有强烈的时代感和责任感,敢于开拓进取、不断创新、开发出新的产品和新的服务。

(4) 选人用人能力——能知人善任,能充分调动合作者和员工的聪明才智和积极主动精神。

(5) 沟通协调能力——作为新创企业的小业主应该善于妥善安置、处理与协调内部的人际关系。

(6) 社交活动能力——就是指通过各种社会交往活动,加强小老板与各方面的联系,扩大影响,提高小企业的经济效益。

(7) 语言文字能力——表现为创业者对讨论、谈判、介绍、书面文字表达等方向所具有的技巧与艺术的运用。

106. 创业者如何塑造个人魅力？

　　创建组织的业主是小企业的领头人物，其内在的智慧、气质和外在的形象在日常创业和生活中无不表现出个人的独特风采。个人魅力是创业者施加影响力的有力帮手，培养个人魅力可以从以下几个方面入手：

　　（1）说话的艺术。说话是创业者直接赢得公众效果的主要形式，把说话艺术发挥得恰到好处，便是展现个人才华和风采，树立公众形象的第一步。

　　（2）倾听的艺术。倾听是一个创业者树立个人形象的又一重要因素，好的业主不光是能说，会听也是一个重要的技巧。

　　（3）谈判的艺术。对奔波于商战中的创业者来说，商务谈判是一场高智商的较量。诸多方法中，以软化硬、以柔克刚的柔术谈判手法是十分有效的。

　　（4）包装的艺术。适当的外在包装还是很有必要的，更是展示小企业或个人风度的需要。如在办公室环境上应保持光线充足、明亮而不刺眼、空气流畅、清新；在仪容上要做到整洁、体面和大方；在行为举止上体现着人人的文明、修养程度，同时也是企业视觉效应的重要组成部分等。

107. 选择创业方向应注意些什么？

（1）把目标盯住大公司不能插足的行业。生产大公司不能渗入、特殊而有个性的产品，不但能成功，而且可以有长期稳定的市场。

（2）从事你熟悉的行业。不要搞你从来没有搞过的行当。常言道"隔行如隔山。"搞你熟悉的行当，市场熟、产品熟、人际关系也熟，这就叫"驾轻就熟"。

（3）从容易操作的行业起步，千万不要一步冲上制高点。刚创业时可以从小百货、杂货店、修理店、速递服务等起步。逐步积累经验、沟通关系、积累资本，只要起步好，不怕没钱赚。

（4）要往有发展潜力的行业钻，千万不要盲目往热点行业钻。热点行业为什么热，因为利润高，有人就拼命往里钻，结果是千军万马走独木桥，弄不好就翻到河里去了。那些不热门的行业，竞争人少，你可以从容不迫地去打开市场。做大事业，赚钱不能心急。

（5）选择资本周转率高的行业，要回避资本周转率低的行业。资本就好比人身上的血液，要流得快，不能阻塞。投资就要选择资本周转率高的行业。周转率高，一元可当几元用，小钱能滚出大钱，周转率低，一百元只能当一元用。

（6）要有稳定的业务，不能干"一锤子买卖"。做生意最好要有回头客，客户要像滚雪球，越滚越大才好。一个有客源的小饭店，说不定比没有客源的大饭店还能赚钱。

一个人总得慷慨一点，才配受人感谢。

——托·哈代

108. 怎样确定自己的创业构想？

（1）回忆过去的经历，你对什么行业或技术最熟悉。

（2）分析自身条件，你有哪些优势。

（3）思考你个人的性格特征、兴趣爱好。

（4）清楚你自己手头上有多少资金。

你在确定自己的创业构思时要问自己4个问题：什么能使我疯狂？什么是我擅长的？什么使我与众不同？什么是顾客需求的？

有了好的创业构思，还需要进一步测试，可从如下4个方面去评价考查你的创业项目：

—— 我做这个项目的优势在哪里（和竞争对手比，我做这个项目有什么长处）？

——我做这个项目的弱点是什么（做这个项目我还有哪些困难）？

——我能否抓住这个机会（这个项目的市场究竟有多好）？

——我可能遭到的威胁是什么（这个项目会经受哪些风险）？

对优势、弱点、机会、威胁四者的分析做完以后，如果能够认定要做的企业项目确保有机会，也有能力做，困难可以克服，威胁可以避免，就算创业构想成熟了。四者之中只要有一项通不过，就应该修改原来的企业构思，或者完全放弃这个企业构思。

脾气暴躁是人类较为卑劣的天性之一。人要是发脾气就等于在人类进步的阶梯上倒退了一步。

——达尔文

109. 推销有哪几种方法？

（1）感情推销法——先跟顾客进行感情交流、缩短与顾客的心理距离。

（2）演示推销法——边演示，边辅以暗示，先入为主地把顾客引向对产品有利的一面。

（3）价格推销法——用小数报价，用最小的单位报价，跟同类产品比较，让顾客感到物有所值。

（4）数量推销法——以大包装、整套、一个疗程、一个出库单位报量。

110. 创业者如何选择合作伙伴?

人们常说: "一个好汉三个帮, 一个篱笆三个桩。"说的是一个人要创业成功必须要有人帮, 有一个或几个好搭档, 你成功的把握就会增大。问题还得说回来, 并不说一个人创业绝对不行, 如果你缺少沟通和协调的本领, 那还是先单干好。

(1) 慎重选择合作伙伴。选好伙伴, 成功一半。所以, 要慎重选择合作伙伴。在我国现阶段有 4 种合伙形式: 亲戚内合伙、家庭内合伙、朋友间合伙、同事间合伙。这 4 种合伙形式占统治形式, 是与当前我国经济发展水平相吻合的。

选择合伙人要谨慎。要选择能帮助实现经营目标的人作为搭档, 而且要双向选择。要对未来的合伙人很了解, 最好以前曾在一起工作过, 彼此了解各自的长处和短处。仅仅是社交中的朋友是不够的。任何潜在的合伙人都有优点和缺点, 事先一定要判断清楚其是否优点大于缺点。在你选择伙伴时要把握住 3 点: ①可信, 合作伙伴必须是一个叫人"信得过"的诚实正直的人, 而不能是一个"骗子"; ②可服, 合作伙伴必须具备较高的合作能力,

具备过硬的创业素质，或者拥有充足的技术条件和资金实力，能够叫你认可、佩服；③可用，所选择的合作伙伴要与你配合默契，成为再好不过的"亲密搭档"。也就是说，要选择好非用不可的人。当然，还要签订合伙协议，以便界定好双方的权利义务关系。对于那些只说不做的人，眼高手低的人，只抓芝麻不抱西瓜的人，人前说人话、鬼前说鬼话的人，千万不要选他们来做搭档，不管是亲戚还是朋友，一定要请他们走开，不能讲情面。

（2）为了避免合伙经营过程中出现管理扯皮和利润分成上的纠纷，在签订"合伙协议书"时应明确规定以下几个方面的条款：①每个合伙人的管理权限和范围；②合伙的期限。不允许某个合伙人提前脱离合伙制，如果发生这种情况，该如何处理，也应明确规定；③每个合伙人的投资额，所占股份的比例；④怎样分配利润；⑤吸引新的合伙者的办法；⑥每个合伙者的责任及不负责造成的后果该如何处理等。

（3）合理分配权益。不要因为有三个合伙人，就把公司分为每人三分之一。如果合伙人之一在公司开张之时，已经为公司签订了一份合同或取得了一定的销售额，那将会给公司带来现金，这个人则要获得公司大部分的股份。或者从开始到后来公司壮大，只有一个人是全日制的，另外两个都是兼职的，则全日制的合伙人应该获得公司较多的股份，因为他（她）在签订合同时要比兼职人员承担更大的风险。

蜜蜂从花中啜蜜，离开时盈盈地道谢。浮夸的蝴蝶却相信花是应该向它道谢的。

——泰戈尔

111. 招聘员工应注意哪些问题？

招聘是最具冒险性的工作。不管你聘用了哪个员工，都有可能成为你的好帮手，也有可能构成一种威胁，但你不得不承担这种风险。对一个微型企业来说，由于工作多，一般一人要兼多职，一个人要扮演多个角色，因此要招"通才"，不要招"专才"。要找"合适"的人员，并非"优秀"人才。招聘员工时，应注意以下几点：

（1）亲自参与。尽管具体工作可以委托人事干部去经办，但你大幅度环节一定要亲自参加。

（2）搞好面试。面试时要充分准备，列好提问提纲，要注意听回答，对招聘人员自由发挥的部分更要注意倾听、分析，把大幅度设计成双向交流的过程。

（3）正确对待简历。简历只能了解应聘者的基本情况，为是否需要安排大幅度提供参考，仅凭简历录用员工的做法是不可取的。

（4）工作经历最重要。应聘者以前所在的工作环境和曾经从事过的工作最能反映他的需求特征和能力特征。应聘者的工作经历还可反映出他的价值观和价值以向，这些

远比学历反映的信息重要。

（5）不要忽视应聘者的个人特征。对岗位技能合格的应聘者要注意其个性特征。个性特征与承担相应的职位有很大关联。如果一个人的技能与应聘职务相符合，但其个性特征不能满足职业要求，他就很难成为这个岗位的一名出色员工。

你若要喜爱你自己的价值，你就得给世界创造价值。

——歌德

112. 创业中应注意招聘与培训哪些方面的人员？

对于一个创业的老板来说，要用好自己的员工，就要发挥员工的作用，把不同类型的人放到能发挥他能力的岗位。同时要注意招聘和培养以下员工：

（1）表达能力强的人。

（2）沟通协调能力强的人。

（3）处理事务能力强的人。

（4）应用科学能力强的人。

（5）贡献能力强的人。

（6）体能较强的人。

（7）有较强影响力、说服力的人。

113. 怎样留住优秀人才？

要积极采取措施留住人才：

（1）防止"突然离职"。

（2）防止"大材小用"。

（3）防止"积聚对上司的不满情绪"。

（4）防止"小庙请来大和尚"。

（5）防止"那山要比这山高"。

（6）防止"挖墙脚"。

114. 奖励员工的准则是什么？

为了激励员工，创业者要掌握以下奖励准则：

（1）奖励创新。

（2）奖励处事果断。

（3）奖励工作有成果。

（4）奖励那些提出和解决具体问题的人。

（5）奖励敢冒风险者。

（6）奖励精简。

（7）奖励多做少说。

（8）奖励品质。

（9）奖励忠诚。

115. 企业管理中授权应注意哪些问题？

许多成功的小企业，在达到一定的规模后，业主或经理发现由他一个人唱"独角戏"管理企业全部业务的局面难以为继。由于受到一定的时间、空间和生理条件的限制，管理人员不可能事事过问，而通过授权，把一些工作交给别人做，使管理人员从日常事务中摆脱出来，既能控制局面，又能增进下属的积极性，有利于他们才干的发挥。

授权不当主要有以下几种表现：①授权者存在心理障碍，认为"只有我才能干好"，不能授权别人分担学生的责任和繁杂的决策事务；②缺乏选拔和指导别人的能力；③对下级缺乏信任感；不能做到正确授权；④当公司业务发展时，业主或经理用于经营管理企业的时间并没有增加，授权者感到力不从心，因此公司发展受到制约。

正确的授权十分必要，但授权不等于弃权，授权还需要监督。授权时要先确定合适的人选，然后分派任务、授予权力、明确责任、确立监控权、及时进行监督检查，并根据检查结果，调整所授权力或收回权力。

116. 如何撰写创业计划书？有无可供参考的创业计划书模板？

一份创业计划应该包括如下内容：

（1）创业者本人情况介绍。主要内容包括：工作经验、学历和受过的专业培训、个人及家庭生活费用预算。

（2）企业概况。主要内容包括：企业法律形态、组织结构、投资方式和额度、产品、服务与经营范围、员工、地址、电话。

（3）市场分析。主要内容包括：目标顾客情况、市场容量和发展趋势、竞争对手的优势分析。

（4）市场营销计划。主要内容包括：产品、服务、定价、渠道、促销。

（5）企业财务计划。主要内容包括：固定资产、变动成本、销售利润预测、盈亏平衡分析、现金流量分析。

（6）开业实施计划。主要内容包括：开业许可和营业执照申办手续与流程、开业资金支配、工作进展的限时计划。

创业计划书模板不是唯一的，以下仅供参考：

封面页

密级：AAA

创业计划书

公司名称

创业者姓名

注册年月

邮编地址

电话

传真

E-mail

公司主页（WWW）

正文

一、企业概况

主要经营范围

二、创业计划者的个人情况

以往的相关经验

教育背景、所学习的相关课程

合作者与合伙人协议

三、市场评估

目标客户描述

市场容量和本企业预计市场占有率

市场容量的变化趋势

竞争对手的主要劣势

相对竞争对手的主要优势

相对竞争对手的主要劣势

四、市场营销计划

产品或服务：主要特征

价格：成本价、销售价、竞争对手的价格

地点：地址、面积、租金或建筑成本、选择地址的理由、分销方式及理由

促销：人员推销成本预测、广告成本预测、公共关系成本预测、营业推广成本预测

五、企业组织结构

拟议的公司名称

六、固定资产

工具和设备

企业的交通工具

办公设备

固定资产、折旧明细

七、营运资金（月）

原材料、包装材料

其他经营费用

八、销售收入预测（12个月）

九、销售和成本计划

十、现金流量计划

117. 申办开业需做哪些事情？

要利用一切可咨询的机会，弄清楚做事的程序：

到什么地方去找什么人，能问清楚什么事。问清楚之后再去办事会少走许多弯路。所以，向人请教必须准备好问题，还要十分虚心，满怀感激之情。先去问当地劳动就业部门和工商行政管理部门以及税务和街道（乡、镇）管理部门，向他们去询问都是最有效、最可靠的。

向政府部门咨询有关事宜时，应备齐相关证明文件，包括身份证、学历（技术培训）证明、劳动手册或再就业优惠证以及营业用房的房产证明、房屋租赁合同等。此外，已经前置审批得到的卫生许可证、特种行业开业许可证都应集齐备用。

依次向街道（乡、镇）业务管理部门，当地劳动就业部门，工商行政管理部门，税务部门、公安、卫生、消防等部门咨询。把你的证件带好，准备好你要咨询的问题，按下列顺序叙述并提问：

（1）我是什么人，住在哪里。现在想办一个什么样的企业，请问申办的手续怎样。

（2）要获得怎样的许可，到什

么地方找什么人办理，什么时候办公。

（3）要填哪些表格，要用哪些证明。

（4）申请要用多少时间能得到答复。

（5）都还有哪些问题应该知道。

118. 企业的日常经营管理工作有哪些？

不同类型的企业工作内容有所差别，但以下工作都是一样的：

（1）组织办公室工作，监督管理好企业员工，注意对他们的培训、激励和安全教育。

（2）购买原材料准备库存或购买服务。

（3）控制生产、控制成本、制定价格。

（4）为客户提供优势服务。

（5）做好业务记录。

（6）必须制定好一套企业的规章制度。

119. 商务谈判的基本技巧有哪些?

（1）让对方首先提出一个价格。当讲到价格时，尽量让对方首先提出要约，这会显示出他（她）的态度。

（2）试着走极端。如果对方不表示出他（她）的态度，你可能抛出一个极端数字——十分高或十分低。这会迫使另一个人提出意见来引导你。

（3）显示出讨价还价的意愿。随着谈判的进行，通过放弃那些你事先已准备放弃同时也能承担得起的条件，来对对方提出的条件做出回复。

（4）用沉默作为工具。在你开始阐述了理由之后，就不要再说什么。你的沉默会迫使另一方说一些也许能转化为你的优势的条件。

（5）要求得到超过别人给你的条件。当对方希望你能在 10 天内付完货款，你应立刻要求 15 天内付完款，这样可能最终协商达成 12 天付完款，这比对方最初要求的条件又进了一步。

120. 今后一个时期进城就业可能面临什么趋势？

总体判断将呈两大趋势：①规模会继续扩大；②流动方向的集中化不减，分散化增加。

我国经济发展对劳动力的需求仍呈现规模扩大和素质要求提高的总趋势。从比较优势看，增长潜力最大、对劳动力需求最大的产业主要是劳动密集型的制造业和服务业。而制造业和服务业中的劳动密集型工种的用工需求将主要由农村转移劳动力来满足。这种持续扩大的就业需求将会带动农村劳动力流动就业规模的进一步扩大。从供给看，目前我国尚有农村富余劳动力1.5亿～1.8亿。每年新增加农村劳动力约600万。这些劳动力绝大部分需要通过流动就业方式实现向城镇的转移。

从我国未来城市化发展趋势来看，农民工流动就业的规模将进一步扩大。未来几年农民工流向仍将主要是从农村向城镇特别是向经济比较发达的大中城市、从经济不发达地区向经济发达地区集中，珠三角、长三角和京津塘地区仍是农民工流动就业的主要输入地。但由于东部地区生活成本逐年提高，而农

民工工资增长缓慢，对农民工吸引力有所减弱。同时，随着东北老工业基地的振兴、西部大开发和中部崛起，东部地区产业结构升级和梯度转移，一批新的经济增长中心将在中西部地区形成，从而为农民工流动就业提供新的选择。

不要只因一次挫败，就放弃你原来决心想达到的目的。
——莎士比亚

121. 哪些行业需要较多的农民工?

调查显示:多数用人单位在春节后一个月招用新的农民工,用人需求增加较多的行业是社会服务业、商贸和餐饮服务业、机械制造业,绝大多数单位要求应聘者具有初中以上文化程度。约80%的用人单位在春节后60天内计划招用新的农民工。其中春节后急需招用农民工的主要是中、低档的饭店、商店和社会服务业的家政公司、物业管理公司等;在正月十五后60天内招用农民工的主要是机械制造业、商贸旅游和中、高档餐饮酒店等。

从用工需求看,对农民工需求增加较多的行业是:①社会服务业,如家政服务员、送货工、维修工、保安、保洁工等;②商贸旅游和餐饮服务业,如营销业务员、理货工、客房服务员、餐厅服务员、厨工、清洁工等;③机械制造业,如操作熟练工和初、中级电工、焊工、车工、钳工等;④建筑施工业和其他企业的临时用工。

122. 缺乏专门技能的农民可选择哪些工作?

（1）建筑工。无任何技术的普通务工人员到建筑企业务工,可做挖掘、搬运、清理等体力劳动。到建筑工地务工,要十分注意劳动安全,严格遵守建筑工地的各项安全规定和操作规程。

（2）保姆。为所服务的家庭操作家务,照顾儿童、老人、病人,管理家庭有关事务的人员,标准的职业名称是家政服务员。当保姆的一般要求是:

——有操持家务的能力,身体健康。

——诚实、细心、讲卫生。

——掌握一定的膳食营养方面的常识。

——能看护儿童、老人和病人,能对起居室进行保洁、布置和美化。

——有一定的安全防护知识。

——掌握必要的人际交往技巧,能与所服务的家庭的成员和睦相处。

（3）家庭小时工。向多个家庭提供清扫、育婴、接送孩子、做饭、家电设备维修、蔬菜配送等某些专业化上门服务,而不像家政服务员固定在某一家庭提供家政服务。一般以计件或计时的方式向家庭小时工付酬。居民家庭一般通过劳务公司、家政公司或劳务市场寻找家庭小时工。想从事这项工作，最好的办法是参加各地妇联或社区举办的家政服务组织，单打独干不会有充足的活源，因而影响个人收入。

（4）餐馆部门。在餐馆部门务工可分为两类，一类是厨师助手，包括采购等；另一类是柜台服务员和杂工。餐饮是服务业，对从事这类工作的人员要求是：

——有良好的修养，能够做到热情、礼貌、服饰整洁。

——身体健康，不能有任何可能传染他人的疾病。

（5）保安。需要保安人员的主要为大公司、居民小区、商场、娱乐场所所等。从事保安工作的一般要求是：

——身高 1.70 米以上，双眼裸视 0.8 以上。

——五官端正，衣着整洁，无文身和犯罪记录。

——有很强的责任心和纪律性。

——经过着装、纪律、搏击等专业培训。

（6）加工行业。电子、服装鞋帽、皮革、食品、玩具等加工行业吸纳的务工人员数量较多，特别是沿海新兴工业城市的上述加工行业，用工需求比较大。到加工行业务工应具备以下条件：

——经过专门培训，掌握生产线工艺。

——有组织纪律性，遵守工厂纪律和操作规程。

——身体健康，无任何传染病，而且有良好的卫生习惯。

不管是谁，匆匆忙忙只能说明他能力有限。

——切斯特菲尔德

123. 农民工比较适宜的技术工种有哪些？各有什么技能要求？

（1）建筑安装类。

a. 建筑工程监理员。

职位描述：提供建筑施工现场对施工质量进行跟踪监控的专业服务。

工作内容：开展施工现场监理工作；代表建设单位，对承包单位在施工质量、建设工期和建设资金使用等方面，实施监督和控制；按照设计图纸及有关标准，对工程施工中不符合工程设计要求、不符合施工技术标准和有违反合同约定的地方，要求建筑施工单位改正；要复核或从施工现场直接获取工程有关数据，并负责签认相关检查和验收记录；管理和制作各项监理资料，例如委托监理合同、监理日记、监理工作总结等。

职位要求：土木工程类专业毕业，经过专业培训，有必要的工程图纸识图能力和计算机绘图知识；具有现场施工经验，熟悉建设工程施工程序和操作规程。并能及时了解最新施工工艺和各种新旧建筑材料的性能、应用、检测。

b. 铝合金门窗安装工。

职位描述：就是铝合金门窗安装、维修和保养人员。

工作内容：①根据业主要求，确认窗户的安装位置及窗框的拼装；②安装玻璃，并检查窗户是否开关自如；③安装完成后，擦洗窗户，带走工程废料，并清理工作现场。

职位要求：①初中以上学历，掌握基本的钳工和数学计算能力；②能看懂机械图纸，懂得工程术语；知道门窗安装的质量标准和操作流程；③身体健康，能吃苦耐劳；能服从分配，不计较劳动时间长短；有团队精神，能和同事和睦相处。

c. 抹灰工。

职位描述：俗称泥水匠，是用水泥、砂、石灰膏、石膏、有机聚合物以及瓷砖、马赛克、面砖、大理石和花岗石等材料，对外墙、内墙以及地面进行装饰的施工操作的人员。其技术等级分为初级、中级、高级等。

工作内容：基层处理，然后再进行刷防水水泥素浆和抹防水水泥砂浆的操作；室内贴面砖的操作及抹缝等。

职位要求：①掌握建筑视图的基本知识，看懂本工种较复杂的施工图。了解本职业施工方案的编制知识；②了解常用材料的种类、特征及使用方法，并懂得防排水工程的操作及注意事项；③熟悉掌握抹花饰线角，带有线角的方、圆柱，门头的水刷石等操作方法以及镶贴各种缸砖、水泥花砖、瓷砖、马赛克、面砖和大理石等施工的操作方法等。

（2）物业管理类。

a. 车库管理员。

职位描述：指挥业主停放车辆；代客泊车；清洁车库；收取停车费等工作的人员。

工作内容：①指挥疏导车辆，为业主打计费卡，由打卡机打上进库时间，并做好相应的记录，代客泊车；②清洁车库工作及做好火灾、台风等灾害的预防和处理工作。

职位要求：①学历在初中以上，有一定的沟通能力；②持有A1照的驾驶证，驾驶技术熟练；③愿意从事物业管理工作，遇事反应较快。

　　b. 房屋维修与保养工。

　　职位描述：提供房屋维修与保养施工服务。

　　职位要求：掌握房屋结构与建筑材料的基本知识，应具有识读房屋的建筑施工图和结构施工图的能力，具有房屋维修施工的操作技能，按操作规程和要求进行。

　　c. 给排水管道与设备维修工。

　　职位描述：提供给水管道的养护，排水设备的管理，排水管道的养护服务。

　　职位要求：了解保温防冻工作，掌握冻裂事故的处理方法，了解排水管道的日常维护，及时排除故障。

　　d. 供暖供气设备及管道维修工。

　　职位描述：室内、外供暖系统维修。

　　职位要求：了解锅炉房设备的组成、锅炉的组成及配件、水泵的构造与维修、小型锅炉故障与维修、水供暖、低压蒸汽供暖的组成，掌握室内室外供暖管道的故障与维修。

　　e. 供电与照明线路及设备维修工。

　　职位描述：提供供电与照明线路维修服务。

　　职位要求：了解供电设备、照明设备、弱电设备、运输设备和智能化楼宇的主要技术设备。

　　f. 卫生绿化维护工。

　　职位描述：提供室内外卫生和绿化管护。

　　职位要求：掌握公共设施的清洁、室内地面卫生、垃圾的清洁和运输、墙面、天棚的清洁、卫生间的清洁、环境的消毒等方法，掌握绿化植物的栽植及树木、花卉、草坪的管护方法。

　　g. 社区保安。

　　职位描述：提供安全、保卫服务。

　　职位要求：了解管区内的安全保卫制度，防火规范和消防要求，负责车辆停放管理，掌握处理突发事件的基本常识，遇到紧急情况时，及时采取相应措施。

（3）机械电器制造类。

a. 冲压检验员。

职位描述：冲压检验员是指负责在进料、冲压过程、和进出库时对原料、操作过程和成品进行监督检查，以保证产品质量的工作人员。

工作内容：进料检验，制成检验，成品检验。

职位要求：①初中及以上文化程度，通过有关技能培训，获得相关职业资格证书；②熟练掌握识图技能，掌握机械制图。

b. 船体火工。

职位描述：船体火工是指利用金属材料的热塑性，将金属材料加热到一定温度，使用机械设备和工具，使金属板材和型材达到所要求的形状的工作人员。

工作内容：场外火工主要是对已经造型、拼接的船体构件进行修补，主要是一些表面不平整的地方的矫正；场内火工就是对单个原构件的定型、整形。

职位要求：①技工学校和职业高中（本专业）毕业生或具有同等文化程度；②掌握金属材料知识，知道常用金属材料的分类、性能；③掌握火工加工工艺方法以及型钢、板材热弯加工知识和识图知识；④掌握相关的船体冷加工一般工艺知识和一般工件吊运知识；⑤有较好的沟通能力和团队协作精神。

c. 电气试验工。

职位描述：对将要投运和已经投运的设备按规定的试验条件、试验项目和试验周期进行试验，以判断设备能否继续投入运行；预防设备损坏以及保证设备安全运行的专业技术人员。

工作内容：①查阅电气设备的出厂试验报告，并根据国家规定的交接预防性标准制定该项设备的试验项目；②根据试验项目选定试验所需要的测试仪器，并估算出所需试验设备的容量；③严格按照操作流程，根据所需要试验的项目对电气设备进行试验；④试验完毕后，应及时进行数据分析、诊断并正确填写试验报告。

职位要求：①身体健康，没有妨碍高空作业的疾病和生理缺陷；②熟悉试验设备仪器仪表的正确使用方法和简单构造原理；③掌握高压试验正确接线方法和注意事项，了解常用电气材料名称、规格、用途等；④能够对试验数据分析、判断，正确填写试验报告。

d. 铰链冲压装配工。

职位描述：用冲床等机器设备将合金材料加工成各种铰链的人员。

工作内容：完成全套冲压流程，包括落料、冲孔、发眼、倒角、切开、切毛、装配。

职位要求：①具有初中以上学历，并经专业培训能掌握铰链生产的基本方法与工艺要求；②有较强的安全生产意识，懂得自我保护。具有较好的团队合作精神；③能完成机器设备的日常保养工作。

e. 家用中央空调安装工。

职位描述：指专门完成安装家用中央空调器的人员。

工作内容：根据工程图纸的要求，确定室内机的具体安装位置，制作通风管道，检验是否安装正常。

职位要求：①中等职业技术学校以上学历；②具有中央空调安装的技能知识，并取得劳动部门颁发的空调安装从业资格证书；③严格按照《空调安装服务规范》进行操作，有强烈的安全意识。

f. 家用中央空调保养工。

职位描述：是指对中央空调系统进行日常的清洗、保养、维护的人员。

工作内容：对室内机进行维修保养。

职位要求：①熟悉中央空调系统；②熟练掌握中央空调水处理，末端设备的维修、保养知识；③持有效专业证件，如电工证、制冷证等。

g. 模具修制工。

职位描述：是按照由工程部根据客户需求设计、制作的图纸，领取所需的剪裁好的模具配料，然后进入模房。

工作内容：制作模具，并进行装配。

职位要求：①到有关职业技能培训机构参加培训，获取职业资格上岗证；②对模具设计制造、钳工实践操作具备实践经验；③细心、耐心；④能进行细微处缺陷判断和修复操作。

h. 数控线切割工。

职位描述：指通过计算机程序控制在线切割机上用脉冲性放电，对工件进行各种形状加工的人员。

工作内容：通过数控线切割机床，加工各种特殊要求的机械零件、刀具、模具、卡板等。正确操作数控线切割加工机床及附件，并进行维修、保养、排除一些常见故障等。

职位要求：①具有机械制造类的中等技术学校以上学历；②能编制零件加工程序及程序输入；③掌握常用线切割机床的规格、性能、结构和传动系统原理；了解机床的控制原理图及方框图；④会使用各种常规的精密量具、熟悉常用工件材料和电极材料的性能。

i. 数控冲床操作工。

职位描述：利用数控冲床机将平整的铁板冲切出各种各样部件的操作人员。

工作内容：①将程序正确输入至冲床硬盘中；②按程序中的具体数据，正确调换冲床模具；③检查程序中的特殊代码，以确保冲床安全无误的进行冲切；④按实际情况检查及调整冲床夹角位置；⑤将原材料放于冲床上，运行程序进行冲切；⑥程序运行结束后将冲切完毕的材料放于卸料区域内，并将产品从材料上拆卸下来；⑦每天进行设备的例行检查，对冲床进行日常保养，发现故障要及时上报和报修。

职位要求：①具有中等职业技术学校以上学历；②具有一定的计算机操作知识，能够读懂冲床相关的设计程序；③具有相关的机械操作知识；④拥有健康的体魄，能适应车间相对艰苦的生产环境。

j. 数控折弯操作工。

职位描述：运用数控折弯机将平整的铁板制作成各种各样的立

体形状的操作人员。

工作内容：①检查半成品的毛刺情况；②根据材质的不同来选用折弯模具，并进行对模；③据客户图纸要求，进行折弯数据的输入；④用同样材质的废料进行产品试折，如数据有误进行改正；⑤数据正确后，进行产品批量生产；⑥每隔一定数量，需对产品的折弯尺寸进行检查，发现折弯尺寸不准，和品质管理人员共同协商，找出原因后继续批量生产；⑦设备的例行检查，对折弯机进行日常保养，发现故障要及时的上报和保修。

职位要求：①具有中等职业技术学校以上学历；②具有数控编程能力；③基本的认识机械图纸的能力；④相关设备的操作和日常保养；⑤强烈的责任心、工作耐心细致，并能不断地学习新技术和新工艺。

k. 压缩机装配工。

职位描述：指除电气电子设备外，从事压缩机设备制造装配、组合、架设，使用前装置与校准等工作的工人。

工作内容：①利用原材料钢板进行切割；②开始安装压缩机；③安装中托架以稳固机械；④将油气分离桶安装进隔音罩。

职位要求：①拥有机械类中专以上学历；②经培训能熟练掌握和使用制造隔音罩的大型机器；③具备对机器设备进行日常维护保养的技能；④能吃苦耐劳、工作认真负责。

（4）交通运输类。

a. 电焊工。

职位描述：是在产品生产加工过程中，专业从事电弧焊操作，且具有一定技能等级水平的生产人员。

工作内容：①电焊工应先对焊接工作场所进行认真检查；②在焊接操作前，必须检查电焊机外壳接地是否良好，焊钳与焊把线是否绝缘，连接是否牢固；③作业开始，电焊工按工艺图纸标示的工艺规程和技术标准组织生产；④作业完毕后，应切断电焊机电源，并检查操作地点，确认安全。

职位要求：①了解电焊工种及本行业常用的质量标准和技术要

求；②能根据金属工件性能、焊接材料的品质，调整和选择并灵活使用电焊操作中的各种参数；③能根据图纸要求、工艺规程、读懂各项技术规范要求，对不同的金属材料实施焊接。

b. 道路养护工。

职位描述：是指从事市政道路设施，如车行道、人行道、排水管道等的保养和维修工作的人员。

工作内容：按照道路养护标准，定期进行养护检查。

职位要求：①需了解市政设施养护作业等相关知识，掌握路面、设施养护的性能、技术要求和操作技能；②能够适应工作强度大、露天作业和夜间作业的工作环境；③热爱本职工作、体力充沛、吃苦耐劳，并具有不怕脏、不怕累的职业精神。

（5）电子仪器制造类。

a. 变压器校验员。

职位描述：按照材料、工艺的标准用相关的仪器对电器产品进行检查校验，并对相关资料进行分析总结，以此来提高产品质量。

工作内容：①在产品生产过程中，对进货材料进行检查，符合要求的材料，应及时签署合格证，对不符合的应抵制入库；②在产品生产过程的最后，负责逐台进行产品的性能测试，全面掌握产品的质量状况，包括：波形分析、电压比试验、电阻试验、耐压试验以及雷电冲击试验，并依据校验结果做出分析，提出存在问题及改进措施；③做好质量指标的统计和上报工作。参加识别、鉴定、收集、整理资料，提出总结报告；④建立产品质量档案，做好合格产品数据的收集和保管。

职位要求：①具备质量管理相关知识，遵循质量检验制度；②熟练使用并维护测试设备、仪器、仪表；③具备电器行业理论知识；④熟练分析方法和专业数据；⑤具备检验工作的安全知识；⑥具备认真严肃的工作态度。

b. 电力调度员。

职位描述：用遥控、遥视技术监控交通供电系统的营运和利用车辆卫星定位系统指挥抢修、处理事故。

工作内容：对电路进行保养维修、维护等。

职位要求：①大专及以上相关专业毕业；通过有关技能培训，获得相关职业资格证书；②身体健康，无口吃、色盲，无听力障碍；③熟悉城市交通运行特点及供电设备；④具有 CAD 等专业计算机技术知识；⑤熟练掌握供电系统、电力监控系统的专业知识。

（6）轻工家电维修类。

a. 灯管制作工。

职位描述：运用特定的机器设备，制作出灯管（灯泡）。

工作内容：按照不同要求完成灯管的制作，包括常见规格。

职位要求：①具有初中以上文化水平，经专业培训后能熟练掌握灯管制作技能；②掌握玻管和各类配件、制品的物理、化学性质、质量指标及其用途；③了解灯管制作生产设备、工具的特点及其用途，并掌握生产设备的功能和安全操作方法；④有较强的责任心，对有关节能灯具的新技术、新品种、新方法能认真学习和钻研。

b. 家电维修工。

职位描述：是使用电子仪器、仪表对家用电子产品进行维修调试、排除故障的专业人员，按职业等级它可分为高级、中级和初级三个等级。

工作内容：①对故障产品开盖检查；②采用不同的方法能够迅速准确地找出故障范围；③熟悉各种家电产品，如：电视机、DVD，音响等；④擅长电子仪器仪表。熟练掌握万用电表和示波器等仪器等。

职位要求：①经过专业培训合格并且专项技能水平达到职业资格技能等级四级以上；②具有修理常用家电产品的能力；③具有一定的沟通与交流能力；④具有事业责任心，对相关家电产品新技术，新方法及时学习并不断钻研。

（7）纺织服装类。

棉纺试验工。

职位描述：从事检验包括棉纺、毛纺、麻纺、绢纺、针织产品的质量、规范生产操作流程。

工作内容：试验操作、维护与实验报告。

职位要求：①具备本工种技术等级中级工证书；②熟知纺织原料的各类质量指标和用途；③掌握各种试验仪器设备的使用方法；④熟知纺织设备的各类参数；⑤对机械传动、电工、电气等方面要有一定的了解。

（8）化工医药类。

营养指导师。

职位描述：从事食物选择、食谱编制、营养评价以及营养教育等公众营养专业技术工作。

工作内容：分析得出指导人体需要的营养指标，进而从各类食物的主要营养成分、质量特点，以及食品感官性状来评定食品的卫生质量，有针对地选择食物。同时还需根据季节、场地的特点，做好食物的烹调加工和食物储存的指导工作。

职位要求：①具有较好的语言与文字表达能力、综合分析能力和人际沟通能力；②具备熟练的计算能力，以及正常的色、味、嗅辨别能力；③了解人体营养状况评价的内容和方法，掌握营养调查的方法和评价；④掌握食谱制定的原则和方法；⑤了解食品卫生质量的鉴定与管理方法。

（9）IT类。

网络游戏管理员。

职位描述：是指游戏的系统维护、测试汇报 bug、为在线玩家提供使用帮助、在线解答玩家提问等工作的人员。

工作内容：①根据游戏技术所制定的测试范围进行工作，并填写相关测试报表；②根据游戏内容，制定游戏 FAQ（自问自答帮助文件），为内测、公测时回答玩家问题做准备；③通过论坛、在线反馈等多种渠道收集玩家对于游戏的建议及相关 BUG；④做好线上活动的执行、监督和维护工作；⑤定时定期在网络游戏中回答用户提问，给予用户及时的帮助；⑥当班时间检查服务器运行状况，及时报告给部门主管；⑦跟进和监测游戏安全性，查找游戏 BUG，进行小组讨论游戏性改进建议，并测试新版本游戏。

职位要求：①中等职业技术学校以上学历，有较强的自学能力；②热爱游戏，对游戏行业持有浓厚兴趣；③具有扎实的计算机网络基础知识；④能够承受较大的工作压力，能适应上晚班。

（10）电信邮政类。

邮政营业员。

职位描述：从事综合性邮政服务的柜面工作。

工作内容：①查验用户交寄的国内包裹是否符合禁寄、限寄规定，封装情况是否符合准寄范围，内件性质，数量是否和详情单上所填内容一致；②查看包裹封面与包裹详情单是否一致，书写是否清晰、正确；③打印单据并交于用户，收寄包裹按规定摆放。

职位要求：①高中及以上学历，熟悉邮政业务和服务范围；②容貌端正，身体健康，无疾病；③电脑录入速度达40字/分钟，会讲普通话；④热爱邮政工作，责任心强，钻研业务，团结合作，维护邮政信誉，严守企业秘密。

（11）运输物流类。

a. 公交调度员。

职位描述：负责起始点统计和监督公交路线车辆营运状况及运行间隔，处理营运中突发事件，保证公交路线正常运行工作。

工作内容：①协助车队长搞好公交营运车辆的进出场工作，对司售人员每天的例行保养和清洁工作进行检查和督促；②车辆营运的合理调度；③必须做好投诉、失物登记和营运动态等方面的台账及报表的填写、记录工作；④对站点的各种设施、设备，调度员要做好保养管理，督促工作人员做好站点内外的清洁工作，更好地树立起城市公交文明窗口的良好形象。

职位要求：①应具有中专以上学历；②熟悉统计学的相关知识及了解财务管理的基本知识；③经过公交行业相关的培训并持有相关职业资格证书；④了解GPS调度定位系统的基础知识。

b. 公交售票员。

职位描述：在公交车上随车为乘客售车票及提供乘务服务。

工作内容：公交车上的营运工作。

职位要求：①具有一定的法规常识、具备正确处理各种乘务矛盾和处置突发事件的能力；②经过专业培训熟练掌握售票员的基本服务作业技能、熟知基本的业务知识及考核细则；③并取得公交售票员培训合格证书；④能正确使用、保养和维护常用工具及设备。保持车厢内服务设施齐全和各个部位的清洁。

c. 汽车驾驶员。

职位描述：是驾驶着各种车辆完成运输任务的专业人员。

工作内容：完成运输任务并对汽车进行维护，维修等。

职位要求：具有机动车驾驶证和行驶证等相关证件；有高尚的职业道德，热爱木职工作；能够正确判断和处理各种复杂状况；认真执行"道路交通安全法"和规章制度。

（12）商业零售类。

a. 商场播音员。

职位描述：根据商场市场部编辑安排好的播报内容和播报顺序，依次机械地播报节目文稿。

工作内容：在商场进行广播，并撰写一般的广播文稿。

职位要求：①普通话标准，流利；具备较强的朗读、朗诵及简单的英语会话能力；②具备较强的阅稿、审稿能力；③熟练操作播音设备，可排除简易故障。

b. 超市防损员。

职位描述：负责超市内的商品安全、营业安全，与各种自然或人为的损耗现象做斗争。

工作内容：对商品退换货进行查验；负责出货门的开闭，进行现场秩序维护，负责巡视、监管货架上陈列的商品等。

职位要求：①具有与商业有关的法律知识和相关的民事法学、刑事法学知识、熟悉《中华人民共和国消费者权益保护法》、《中华人民共和国治安管理处罚条例》、《中华人民共和国消防法》；②掌握基本的防盗、防爆、消防技能，并有较强的防盗意识；③熟悉超市岗位分布以及岗位职责；④了解商品进出超市的相关规定；⑤掌握安全知识、熟悉超市各种安全设备的性能及使用；⑥遇到突发事件能够沉着冷静，并及时解决问题。

（13）餐饮娱乐类。

a. 宾客行李员。

职位描述：在旅店或大型酒店，涉外宾馆等大型招待场所，负责提供宾客的出入口安全、接待、进门引导、搬运行李等一系列服务。

工作内容：迎接宾客，妥善安排宾客行李。

职位要求：掌握规范的社交礼仪、礼节；具有服务心理学基础知识和公关推销的常识；熟悉酒店内部的服务设施、服务项目、客房设备情况；掌握装载、运送、保管行李的技巧；具备一定的安全、消防知识，懂得处理突发情况的有关要求；具有一定的外语基础，掌握与工作有关的词汇和语句。

b. 厨师长。

职位描述：具有餐饮全面性的专业知识，精通烹饪知识，通晓食品生产加工的过程，精通一个菜系，旁通两个以上菜系的制作工艺，并具有丰富厨房管理经验。

工作内容：①每天厨房例会，对厨房各部门的工作情况进行总结协调，及时对本部门的工作进行布置和调整；②每日不定时地巡查工作，密切联系、协调好各部门厨师的工作；③负责指挥宴会烹调的整体工作；认真听取宾客建议，负责食品采购；④不定期了解市场原料价格情况，发掘具有特色的餐饮新产品，不断开发新潮菜点；还要协助有关部门检验食品质量，制订原料采购计划，确保所有原料在使用过程中没有浪费和损坏的现象；⑤做好各部门的管理和业务技能培训、抓好员工纪律和卫生工作；制定严格的考核制度，对下属的工作进行规划与考核，帮助员工树立主人翁责任感，把厨房建设成具有团结协作精神的团队。

职位要求：①具有相关专业大专以上学历，具有餐饮专业知识，通晓烹调学，食品营养卫生学等相关知识；②掌握菜系的制作工艺和食品加工的全部过程；③具有计划、监督、食品成本控制等相关知识；④懂得厨房的布局、规划、前期工程设计；⑤具有较强的管理经验、领导能力与实际工作能力以及严谨的工作态度和高度的责任感。

c. 旅游计划调度员。

职位描述：负责旅游服务采购业务的旅行社工作人员，简称"计调"，而该项业务是各旅行社的核心业务。

工作内容：①采购国内外缔结旅行社、酒店、景点等的价格，根据价格制订各条线路的旅游计划，提供给旅行社下属门店的销售人员；②根据每个客户的具体要求进行散客拼团；③需要负责团队接待计划的确认和变更，以及团队用餐、行车、门票、住宿等服务的预定、确认和变更、及最后的落实；④确认旅游计划安排之后，须将相关团队信息交给领队，其中包括护照、出国说明书、行程等。并请相关的销售人员通知客户到旅行社开说明会；⑤负责客户对当地导游和缔结旅行社的反馈信息和资料的收集、整理、分析和上报。

职位要求：①旅游相关专业大专以上学历；②计算机操作娴熟，同时具有良好的外语口语和中外文书写能力，以及良好的沟通能力；③熟悉团队旅游计划的制订和整套流程。

（14）家政生活服务类。

保健按摩师。

职位描述：在固定的服务场所，运用规范的按摩手法，提供保健养身的专业按摩服务。

工作内容：包括个人准备工作、迎客工作、按摩服务、按摩后服务、按摩后整理五个环节。

职位要求：①身体健康，有健康证书。并经过正规培训，获得相应等级的按摩师证书；②熟悉和掌握经络腧穴、人体解剖等基础知识，并掌握一定程度的医学、生理学、心理学、生物力学等相关学科知识；③应熟练掌握和应用滚法、推法、拿法、按法、摩法、操法等15种基本手法，对全身按摩的操作程序融会贯通，灵活运用；④爱岗敬业，遵纪守法，讲究卫生，仪表得体，钻研技能，崇尚科学。

（15）文化艺术类。

文献装订工。

职位描述：从事文献分类整理，将其装订成册；并根据文献资料的属性元素，在封面、书脊、文档框上加以规范表述的专业服务。

工作内容：对各种文献按照要求进行编制装订。

职位要求：①熟悉图书分类法和情报资料分类的方法和原理；②能操作 FoxPro 等数据库软件；③掌握期刊文献平装和精装的操作工艺。

独创性并不是首次观察某种新事物，而是把旧的、很早就是已知的，或者是人人都视而不见的事物当新事物观察。

——尼采

124. 什么是国家职业技能鉴定？有何要求？如何申报？

职业技能鉴定是一项基于职业技能水平的考核活动，属于标准参照型考试。它是由考试考核机构对劳动者从事某种职业所应掌握的技术理论知识和实际操作能力做出客观的测量和评价。职业技能鉴定是国家职业资格证书制度的重要组成部分。

一般来讲，不同等级的申报条件为：参加初级鉴定的人员必须是学徒期满的在职职工或职业学校的毕业生；参加中级鉴定的人员必须是取得初级技能证书并连续工作5年以上，或是经劳动行政部门审定的以中级技能为培养目标的技工学校以及其他学校毕业生；参加高级鉴定人员必须是取得中级技能证书5年以上、连续从事本职业（工种）生产作业可少于10年，或是经过正规的高级技工培训并取得了结业证书的人员；参加技师鉴定的人员必须是取得高级技能证书，具有丰富的生产实践经验和操作技能特长、能解决本工种关键操作技术和生产工艺难题，具有传授技艺能力和培养中级技能人员能力的人员；参加高级技师鉴定的人员必须是任技师

3年以上，具有高超精湛技艺和综合操作技能，能解决本工种专业高难度生产工艺问题，在技术改造、技术革新以及排除事故隐患等方面有显著成绩，而且具有培养高级工和组织带领技师进行技术革新和技术攻关能力的人员。

申请职业技能鉴定的人员，可向当地职业技能鉴定所（站）提出申请，填写职业技能鉴定申请表。报名时应出示本人身份证、培训毕业（结业）证书、技术等级证书或工作单位劳资部门出具的工作年限证明等。申报技师、高级技师任职资格的人员，还须出具本人的技术成果和工作业绩证明，并提交本人的技术总结和论文资料等。

国家实施职业技能鉴定的主要内容包括：职业知识、操作技能和职业道德三个方面。这些内容是依据国家职业（技能）标准、职业技能鉴定规范（即考试大纲）和相应教材来确定的，并通过编制试卷来进行鉴定考核。

人若是太幸运，则不知天高地厚，也不知自己能力究竟有多少；若是太不幸，则终其一生皆默默无名。

——富勒

125. 怎样选择进城务工地区？怎样掌握出行时机？

（1）选择务工地的原则。

a. 可致富。了解进城务工地经济发展水平、收入和消费等情况。你不但应该知道自己打算从事的工作一年能挣多少钱，而且必须弄清楚在该地一年必要的生活开支是多少钱。因为你务工的纯收入等于你的毛收入减去你的生活开支。然后，根据纯收入的多少作进一步选择，挑出纯收入较高的几个地方作进一步选择，挑出纯收入较高的几个地方作为进一步选择的对象。

b. 可发展。优先考虑那些能够发挥你的特长或技能的地方。如果你没有什么特长和技能，那么就看看哪些地方有你能干得了的工作。待你初步选择了几个地方后，再考虑其他问题。

c. 可学习。进城务工不能只考虑挣眼前的钱，还要考虑学习更多的东西，不断提高自己的素质，这样才能挣更多的钱。如果觉得对自己掌握的技能不满意，可以选择到自己想从事的行业比较发达的城市去务工。

（2）选择务工地的方法。说到选择务工地区，人们往往会想到去

外地。实际上，本地企业也能提供较多较好的务工机会。况且在本地城镇务工，还有许多在外地务工所没有的好处和便利，例如节省路费、生活方便、环境熟悉等。如果你想到外地务工，就要先对务工地招用外地人员的情况有所了解，并对务工地的就业机会进行分析。

一般来说，城市越大，它容纳的就业人数就越多，所提供的就业机会就可能多些。但也应当看具体情况。如果该城市的务工人数已趋于饱和，甚至大大超过就业机会，就不能说城市越大，务工机会就越多了。相反，一些新兴的工业城市或沿海开放城市，城市虽不大，但因其经济较发达，务工机会相应也就多些。

在了解务工地的就业信息，并进行分析之后，可以选择两至三个务工地，采用征求意见法或考察体验法进行决策。征求意见法是指向你的家人或亲朋好友等征求意见，或者到当地劳动就业管理机构和劳动力市场进行咨询。考察体验法是指你直接到务工地了解相关情况，或从事短期职业亲身感受一下。

（3）掌握出行时机。进城务工要避免盲目性和随从性，对进城务工地的基本情况要有大体了解，自己想从事的职业在务工地要有需求，不能盲目外出。

避开交通拥挤期。交通拥挤期出行十分不便，如节日期间，出行将面临购票难、座位少、人多拥挤等问题，甚至在转车的过程中买不到下一班次的车票，滞留在途中，遇到麻烦。

心情愉快好上路。出行前要妥善安排好家里的各项事务，力求做到无后顾之忧。在进城务工时保持愉快的心情，有助于你克服生活不便、环境不熟等困难，减少精神上压力。

有研究兴趣的人是幸福的！能够通过研究使自己的精神摆脱妄念并使自己摆脱虚荣心的人更加幸福。

——拉美特利

126. 不法企业常用哪些手段坑骗求职者？

　　农民工走出家门走进城市，最大的愿望就是能顺利地找到一份合适的工作，然而这个最基本最简单的愿望也会被一些不法分子利用，出现一些"黑职介"。各种骗子打着为用人单位和农民工牵线搭桥的幌子，贪婪骗取为生存而四处求职的农民工行囊中仅有的一些活命钱，因此进城农民找工作时务必睁大眼睛，避免落入陷阱。

　　"黑职介"多集中在火车站、长途汽车站和农民工比较集中的地区，用虚假用工信息欺诈农民工，或是与用工单位勾结串通，合伙骗取钱财进行分成。"黑职介"的主要特征为：巧立名目乱收费，要找工作先交钱，否则岗位信息一概免谈，收费解释五花八门，"劳务信息费""介绍费""岗位保证金""职业培训费"不一而足，但有一个共同点，无论职介成功与否均"概不退还"。有时候还会采用考试闹剧走过场和假岗位唱空城计，如采用复杂的面试程序和不可能在规定时间内完成的考卷，或是用虚假或过期的招工信息骗人，提供的岗位根本不存在。因此要从几个方面进行识别：

（1）单位名称模糊，工种简单。假招聘单位在街头发布广告、宣传单时一般不会写明单位名称，只会模糊出现本部门等字样，多数位于工厂区或较偏僻的地方以掩人耳目，虚假广告所招聘的多为文员、跟单员等较简单的工种，以扩大受骗面。面试时更是极力让求职者相信他非常适合这项工作。

（2）岗位虚设，注水招聘。一些企业为了造声势，在媒体或招聘会上借招聘之名推广企业形象，看似诱人的工作岗位其实是为自己树招牌的广告行为。

（3）以招聘为幌子推销商品。应聘者成了消费者。说是招聘人才，最后却成了招聘商品推销员和消费者。这种骗局相对比较隐蔽，一般来说，特点是：要求劳动者素质比较低，劳动合同里没有具体的工作岗位，没有明确的工资数额的约定，同时口头承诺高薪，最终结果是劳动者没有任何业务，拿不到所谓的高薪，有的甚至连最低工资都拿不到。

（4）试用期上耍花招。利用试用期坑人的企业，一般都是先以吸引人的条件吸引员工入职，试用期只付给低工资，说转正后会根据工作能力月薪面议，不给明码标价。新人们不知内情，工作吃苦在前，任劳任怨，辛辛苦苦几个月过去了，眼看着到了转正的日子，老板却以种种借口炒人了。试用期原本是用人单位和劳动者双方为了相互了解而协商约定的考察期限，只因劳动力市场供大于求，整体就业形势趋紧，致使试用期成了用人单位的专利，甚至少数恶意企业主把试用期设置成敲诈劳动者的陷阱，非法牟利的黑心工具，损害了劳动者的合法权益。

> 说谎话的人所得到的，就只是即使说了真话也没有人相信。
>
> ——《伊索寓言》

127. 如何避免落入招聘陷阱？

　　求职一定要到有资质、信誉好的职介机构：应具有劳动管理部门颁发的《职业介绍许可证》和工商部门颁发的营业执照以及物价部门颁发的《收费许可证》，只有具备这三证的职介机构才可以从事职业介绍经营。

　　凡是简单聊儿句卓卓应付面试后就说你被录用的招聘企业，往往重视的是你的财而不是你的才。如果面都不见就说你被录取的，那更是骗局无疑。如果提出要你交所谓的押金、保证金、服装费、档案管理费、培训费登，那就百分之百是骗局。求职者应该立即向有关部门举报，而不是根据其要求交钱。因为国家明确要求用人单位不得以收取押金、保证金、集资等作为录用条件，如果用人单位连国家规定都不遵守，他们怎么会遵守对求职者许下的其他承诺呢？

　　不要随便向用人单位交钱：许多求职者经过面试，很快被录取，心里高兴，公司有什么要求，新员工当然听话，于是就去交报名费、服装费、保险费、培训费、押金等，实际上等于自己给自己开了一个月

工资，这还是好的，有的去上班才知道，压根都没这单位，收钱的人早已人去楼空。有的企业搞招聘就是骗钱，要求职者交付数额不等的押金或风险金，许诺事后退还押金，可真正想退还押金几乎不可能，一来要达到其条件比登天还难，二来解释权归老板，砧板上的肉怎抵得过老板那把利刃。

不要相信"高薪诚聘"：正规企业的薪酬待遇是根据工作岗位、人员素质、工作业绩以及当地的工资水平等多方面进行评定的，绝对不会无缘无故用高薪来聘请一个普通的求职者，作为一个缺乏较高文化素质与专业特长的进城农民，应该非常清醒地认识到，天上不可能掉下个大馅饼等你吃，不要轻信招聘广告或者用人单位列举的优厚待遇，脚踏实地才不会上当受骗。

如果你能成功地选择劳动，并把自己的全部精神灌注到它里面去，那么幸福就会自己找到你。

——马申斯基

128. 如何接受面试？

（1）面试前的准备。

a. 了解应聘单位的情况。通过实地参观、询问工作人员等方式和阅读报纸、收看电视等途径，了解应聘单位的发展史、经营情况、企业文化、人才观念等，以便面试回答问题时有针对性。

b. 调整好面试心理。面对激烈的就业竞争，有部分进城务工人员常常产生自卑心理。应当扬长避短，善于展示自己的优点、长处，相信自己的能力。

c. 衣着得体。衣着整洁得体，会给招聘单位留下良好的第一印象，同时衣着也要与应聘的岗位相适合。

（2）面试技巧。

a. 诚实。如果你没有做过某项工作，应该如实说明，不要胡编乱造，因为所有的谎言都会不攻自破。如果你做过的某项工作是断断续续的，但都属于同一性质的岗位，那你可以把这些间断的工作并在一起加以说明。

b. 注意自己的形象。不妨让自己严肃认真一些，说话要谦虚、大方，对主考人员要尊重。

c. 不紧张。有的进城务工人员

遇到回答不出的问题就特别紧张，说话结结巴巴，有些本来能回答的问题也答不出来，为此丧失了被录用的机会。要想不紧张，可以加强应试前的练习。

d. 适当提出自己的条件。谈论报酬待遇是你的权利，这无可厚非，关键要看准时机。一般在对方已有初步聘用意向时，再委婉地提出来。"你们的待遇怎么样？""你们管吃住吗？""车费报不报销？"有些应聘者一见面就急着问这些问题，会让对方反感，产生"工作还没干就先提条件"这样不好的印象。

e. 面试不是在你走出用人单位办公室后就结束了。面试后仍然要与招聘者保持一定联系。你可以利用和他再联系的机会，加深他对你的印象。但要做到得体，不要造成逼迫人家答复的错觉。

> 不要过分地醉心放任自由。一点也不加以限制的自由，它的害处与危险实在不少。
>
> ——克雷洛夫

129. 如何辞职?

如果你对自己工作的单位不满意，只要不同意的话，你书面通知单位后，过 30 日也可解除劳动合同。

另外，在下列情况下，你还可以随时通知用人单位解除劳动合同：

（1）在试用期内。

（2）用人单位用暴力、威胁或者非法限制人身自由的手段强迫你劳动。

（3）用人单位没有按照劳动合同约定支付劳动报酬或者提供劳动条件。

130. 工作中受伤怎么办?

进城务工人员在工作中万一遭受了意外伤害,一定要知道什么样的情况可以认定为工伤,什么样的情况不能认定为工伤,又怎样申请认定工伤。工伤必须是在工作过程中因工作原因受到的伤害。能够认定为工伤的有以下情形:

(1) 在工作时间和工作场所内,因工作原因受到事故伤害的。

(2) 工作时间前后在工作场所内,从事与工作有关的预备性或者收尾性工作受到事故伤害的。

(3) 在工作时间和工作场所内,因履行工作职责受到暴力等意外伤害的。

(4) 患职业病的。

进城务工人员或者其直系亲属、工会组织在事故发生之日起 1 年内,可以直接向进城务工人员单位所在地统筹地区劳动保险行政部门提出工伤认定申请。申请工伤认定时应提交工伤认定申请表、进城务工人员与用人单位存在劳动关系(包括事实劳动关系)的证明材料、医疗诊断证明。

131. 进入工作岗位应掌握哪些安全生产基本知识？

　　进城务工人员在进城就业前，必要十分明确：生命和健康比挣钱更重要。

　　进入工作岗位后，就要和各种机器、工具、建筑物和原材料打交道，这些机器、工具、建筑物、原材料可能存在各种意想不到的危险性，即不安全因素。如果你在生产劳动过程中不注意安全或不懂得正确的操作方法，就可能引发工伤事故，造成人员伤亡和财产损失。

　　因此，在生产劳动过程中，一定要树立强烈的自我保护意识，掌握安全生产知识和正确的操作方法，做到"三不伤害"：①不伤害自己；②不伤害他人；③不被他人伤害。

　　要做到"三不伤害"，一定要注意以下几点：

　　（1）遵章守纪。遵章守纪对于安全生产至关重要。企业为了确保工作和生产顺利进行，制定了各种规章制度，要求所有员工严格遵守。与安全生产有关的其他规定，如操作规程、劳动纪律等，也都是必须遵守的。安全生产方面的规程，是用血的教训换来的。因此，一定要熟知牢记，并严格按照安全操作规

程办事，不能有任何侥幸心理。要时刻记住，遵章守纪就是保护自己。

（2）认真学习。进入生产岗位前，要了解和掌握所在单位和岗位的生产特点和生产过程的危险部位，掌握基本的安全生产知识，认真学习安全操作技术，然后方能上岗操作。如果学习时心不在焉，抱着应付态度，就难免发生工伤事故。

（3）切勿蛮干。工业生产场所、建筑工地等工作现场，情况比较复杂，危险因素多，处处要小心谨慎，不可大大咧咧，更不可逞强蛮干。

（4）反复练习。有时会遇到这样的情况，心里明白怎么干，但是手脚不听使唤。所以，对所学的操作技能，只有经过反反复复的练习，达到得心应手的程度，才能确保安全，避免事故。

只有艺术和科学能提高人，直到神圣的高度。

——胡赫

132. 生产经营单位违反安全生产法律规定应负什么责任？

用人单位的劳动安全设施和劳动卫生条件不符合国家规定或者未向劳动者提供必要的劳动防护用品和劳动保护措施的，必须改正。违反安全生产规定发生安全事故，造成人员伤亡的，应承担赔偿责任。对事故隐患不采取措施或强令劳动者违章冒险作业，造成严重后果的，对责任人员依法追究刑事责任。

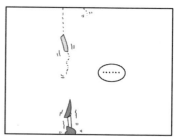

安全第一

133. 进城务工人员自己违反安全生产法律规定应负哪些责任?

作为企业的员工,务工人员不服从管理,违反安全规章制度和安全操作规程,可由生产经营单位给予批评,并进行有关安全生产方面知识的教育。也可依照有关规章制度,对务工人员进行处分,这要根据单位内部的奖惩制度而定。

如果由于务工人员不服从管理或违章操作,造成了重大事故,构成了犯罪,将依照刑法有关规定对务工人员追究刑事责任。

134. 岗位操作安全要注意哪些基本知识?

广大的进城务工人员，从农村来到城市，进入到大大小小各类企业中工作。这些企业分别属于采掘业、制造业、建筑业、交通运输业、商业、服务业等不同行业。每个行业因为其自身特点，原材料、生产工艺、生产过程各不相同，工人在生产工作过程中的危险性及可能受到的伤害程度也不尽相同，因而对岗位操作安全的要求也是不同的。下面介绍的是进城务工人员应了解和掌握的最基本的岗位操作安全知识。

（1）安全操作。

a. 操作前的检查。工作前，必须对所操作的设备、装置等工作物进行检查。各种设备、装置都必须处于正常状态下才能使用，堆放物体、挖沟埋管都必须牢靠稳固。如果发现问题，应立即通知有关人员检修。

从事拆建房屋、埋线埋管等建筑施工，应在施工前对建筑物体进行仔细查看，查看有无倒塌等可能，只有确保安全方可进行施工。

b. 严守操作规程。这是保证安全生产的前提条件。绝不可能图省事、赶进度，违反规定的操作程序。

c. 必须警惕的事项。在生产过程中使用的机械发生故障，应向管理人员报告，请专门检修人员修理，不可自行拆装。

物体吊运过程中，不可以用手或脚纠正歪斜的物体或钩拉吊索。出现异常情况，物体周围人员应撤离危险区，待运动中的物体放稳以后，再予以纠正，恢复安全状态。

从事登高作业，脚不可踩踏在摇晃、承受压力不足、支点不牢固的物体上，以免发生高空坠落事故。

（2）制止违章作业。对下列违章作业或不安全的行为，企业安全管理人员都有责任加以制止，同时操作工人也应相互提醒和制止，以杜绝事故的发生：

a. 操作机械，移动物体，方法不正确。如开动冲床时，将手伸入危险区域，直接在冲模上拿取或装卸零件。

b. 物体支撑物不坚固牢靠。

c. 进入操作危险区域。如靠近正在运转的机器；起重机工作时，在作业区域，如起重臂、吊钩和被吊物下面站立、工作或通过等。

d. 对正在运转的机械装置进行清扫、加油、移动或修理等。

e. 在无安全信号和许可的情况下，突然开动机械或移动车辆、物体。

f. 使用有缺陷的工具、吊索具、机械装置。如使用老化锈蚀的钢丝绳，出现裂纹的吊钩，磨损严重的滑轮等。

g. 在机械运转状态下，擅自离开，将机械、材料、物体置于不安全的状态下或场所中。

h. 私自拆除机械安全装置，使安全装置失效。

i. 从事非本人所应从事的工作，特别是电工、焊接、吊运、车辆、电梯、搭脚手架等危险性较大的特种作业。

j. 登上运转中的机械，或跳上、跳下正在运行中的车辆。用手代替规定的工具作业。

k. 不穿戴规定的劳动防护用品，或劳动防护用品不符合安全要求。

（3）防止触电事故。由于科技日新月异，电气技术的应用越来越广泛，极大地提高了劳动生产率，改善了劳动和生活条件。但用电不当也可能给我们带来伤害。因此，要了解安全用电知识，防止发生触电事故。

a. 电灯不亮或电气设备发生问题，如果你不是电工，就千万不要盲目去摆弄。

b. 发生线路故障，应请电工排除，不得随意处理或装接临时线。

c. 严禁使用损坏的插头、插座，严禁使用绝缘体磨损的电线。

d. 接地线不得随意拆除。

e. 用电前须检查漏电保护器或防触电装置是否正常。

f. 移动电气设备前，应先切断电源。

g. 在潮湿地或有水作业区操作，应事先检查电路是否漏电，线路周围物体是否导电。

h. 在高压架空是附近工作时，须特别小心，要保持一定的距离，绝对不能触碰。

i. 电工作业时，不得赤膊、赤脚、穿拖鞋，应按规定穿戴好防护用品和使用专用电工工具及用具。在停电检修时，必须在闸刀处挂上"正在检修，不得合闸"的警告牌。

（4）防止机械操作事故。种类机械设备在运转中，都可能发生对人体的伤害事故，这类伤害主要表现为：碰伤、压伤、轧伤、卷缠，因此要格外注意安全防范。

a. 对于机械伤害的防护，最根本的是要将全部运转零件遮挡起来，做到"转动有罩，转轴有套，区域有栏"，从而消除身体任何部位与其接触的可能性，防止衣袖、发辫和手持工具被绞入机器。

b. 检修或清扫时，必须先断电关机，待机器停止后方可检修、清扫，加油应当使用长嘴注油器。

c. 操作时穿戴的工作服必须领口紧、袖口紧、下摆紧。夏天不赤膊或披着衣服，冬天严禁戴围巾，女工须将发辫盘在工作帽里。在车床上操作时严禁戴手套。

d. 不是自己操作的机械，或不懂操作方法，千万不要随意开动机器。

e. 加工零件一定要紧固牢靠，防止飞出伤人。

f. 机器周围的环境应整洁卫生，保持通道畅通，不要把各种物品乱七八糟地堆在机器旁边。

g. 严格实行工前检查制度，在确认设备、加工件符合安全要求的情况下，才能开机操作。

（5）防止火灾、爆炸事故。一旦发火灾、爆炸，其危害性是十分严重的。每个从事生产劳动的人都应该掌握必要的防火防爆知识。

a. 从事易燃易爆作业的人员必须经主管部门进行消防安全培训，并经考试取得合格证后方可上岗。

b. 要严格贯彻执行生产经营单位制定的防火防爆规章制度，禁止违章作业。

c. 严禁在从事易燃易爆作业（生产、使用、运输、储存）时或在易燃易爆储存场所吸烟或乱扔烟头等火种。

d. 生产、使用、运输、储存易燃易爆物品时，一定要严格遵守安全操作规程，切不可盲目乱干。

e. 在工作现场动用明火，须报主管部门批准同意，并做好安全防范工作。

f. 不要将能产生静电火花的电子产品，如手机、寻呼机带入易燃易爆危险场所。

g. 对于车间内配备的一般性防火防爆器材，应学会使用，并且不要随便挪用或损坏。

（6）发生火灾、爆炸后应采取的措施。

a. 一旦发生火灾、爆炸，千万不要惊慌失措，应立刻通知附近的人投入灭火抢救工作，并迅速打电话给消防队报警，电话号码是"119"，讲清发生火灾的正确地址及附近的通道情况。

b. 正确使用灭火器材或水来灭火。

c. 下列情况的火灾不能用水扑救：①遇水燃烧物质（如金属

钠等）和灼热物质（如铁水、熔渣等）着火引起的火灾；②电器失火，在电源未切断之前；③非水溶性、比水轻的可燃易燃液体，如苯、甲苯失火；④遇水能产生有毒气体的物质，如磷化锌、磷化铅等着火。

另外，遇水燃烧物质或带电设备着火时，不能用泡沫灭火剂扑灭；发生火灾或爆炸时，遇到有毒气体散发出来，一定要带上防毒面具后才能去抢救。

（7）防止高处坠落事故。需要登高作业的工作很多，如拆房建房、装卸检修等。坠落事故的伤害一般较为严重，因此，我们必须认真防止坠落事故的发生。

a. 作业场所预留孔洞必须加设牢固盖板、围栏或架设安全网。

b. 脚手架的材料和脚手架的搭设必须符合规程要求，使用前必须经过检查和验收。

c. 使用有防滑条的脚手板，钩挂牢固，禁止在玻璃棚天窗、凉棚、石棉瓦屋面、屋檐口或其承受力差的物体上踩踏。

d. 凡施工的建筑物高度超过 10 米，必须在工作面外侧搭设 3 米宽安全网。

e. 施工人员在高处作业时，必须戴好安全帽、系好安全带。使用安全带前应检查安全带的缝制和钩挂部位是否完好可靠，如发现磨损要及时修理或更换。安全带应系于腰部，挂钩应扣在不低于作业者所处水平位置的固定牢靠处。特别危险场合还要系好安全绳。

f. 使用梯子前应检查强度，特别要注意有无缺档、裂纹、腐蚀和防滑垫。

g. 梯子支靠的角度为 75 度左右，支靠时梯子顶端伸出去的长度应为 60 厘米以上。

h. 梯子上下部分应用绳索固定，不能固定时，下面须有人扶住。

i. 操作人员上下梯子时面朝内，不得以不稳定姿势作业。

如果你年轻时不学会思考，那就永远也学不会了。

——爱迪生

135. 容易诱发工伤事故的因素有哪些情况？

发生在模具厂、五金厂、家私厂开冲压机、打磨机、锯木机这些岗位造成的伤残事故，和建筑行业进行高空作业时摔落下来，或被高空落物砸死（伤）等悲惨事故，占到工伤事故的很大比例。

根据经验，以下情况极易诱发工伤事故：

（1）超时加班。员工在疲劳状态下工作，是最容易发生工伤的，特别是有的工厂加班到凌晨。此时工人已经连续工作了十几个小时，既疲劳，注意力又差，所以此时段往往是发生工伤的高峰。

（2）缺乏岗前培训。这些情况主要发生在刚入职或刚调换工作岗位的员工身上。有的工友今天去应聘，第二天就去上班。对机器的操作方法、机器的性能等完全不懂。在这种情况下开机上岗极其容易发生事故。另外，每年的 3 月和 9 月份，是农民工与应届毕业生找工作的高峰期，工友们费尽千辛万苦才找到一份工作。所以，即使是没有进行任何岗前培训，他们也会因为生怕丢掉好不容易得到的饭碗，而不得不匆忙上班操作。这几个月也是发生工伤的高峰期。

（3）工作中缺乏警惕性。这通常发生在老员工身上。许多厂方不重视员工的安全生产，不重视安全操作，以致机器旁连个注意安全的"警示牌"或"操作规程"都没有，致使员工很容易麻痹大意。有的老员工，工作一直都十分顺利，没有发生过事故，也没有见到同事发生过事故，于是警惕性一天天放松，最后一不小心悲剧就发生了。

（4）工作环境恶劣。像开冲压机、锯木机等一类的工作，工人整天在震耳欲聋的机器声中长时间工作，而且几乎是在重复一两个同样的动作。这么长时间，不要说有多累，就是眼睛也会看花。另外，机器的噪声很容易把人吵得心烦意乱。在这种环境下工作很容易出事故。

（5）工厂赶货压力大。在一些以计件算工资的工厂，迫于赶货的压力，工人为求数量，被迫以不安全的方法操作机器。如，有的工友就会想办法把需要双手操作的开关按钮固定其中一个，形成单手按开关，或把机器速度调成特快等。这样做，速度是可以快了可是非常不安全。因为只要机器一失灵，开关一松动，工伤事故就有可能发生。而大部分长方在赶货时也放松对工人按章操作的要求，"抱着只要不发生事故，把货赶出来就好"的侥幸心理。

（6）工厂使用不安全机器、老旧机器，缺乏维修保养。许多工厂加工用的机器旧的不能再旧，有些甚至使用境外淘汰产品，机器上生产日期都找不到，还长期缺乏保养。使用需要淘汰的老旧机器，也是造成工伤的一个常见原因。

只有向后才能理解生活；但要生活好，则必须向前看。
——克尔凯郭尔